図書館の現場2

図書館への私の提言

三田誠広

keiso shobo

はじめに

図書館で多様な本を自由に読むことができるというのは、国民に与えられた基本的人権の一部だといっていいでしょう。そのために全国各地に公立図書館が設置され、多くの利用者が無償で本を読んでいます。しかし日本の図書館の状況は、欧米の先進国と比べれば見劣りがします。図書館の館数においても、蔵書数や職員の質においても、経済大国といわれる国としてはレベルが低く、日本の文化政策の貧困さを示しています。

できればもっと予算を増やして、館数や蔵書数の充実をめざし、職員の質の向上を図ってほしいというのが、多くの利用者の要望だろうと思います。

最近では、インターネットで予約ができたり、近くのコンビニで本の受け渡しができるといったサービスを実施している図書館もあります。一見、利用者のためのサービスに努めているように見えるのですが、図書館で借りることができるのは書店でも買えるベストセラー本ばかりで、純文学や学術書などの蔵書はきわめて貧困です。人気のある本さえ揃えておけば、それで図書館の役目は果たせると決め込んでいる館長や職員が多いのではないでしょうか。

こうした図書館の現状に、著作者の中から、不満の声が上がっています。純文学や学術書の著者たちは、地方の分館にも多様な本を揃えてほしいと要望しています。というのは、とくに分館レベルの図書館ですと、蔵書がきわめて貧弱で、一方、人気のあるベストセラー本は、何冊も購入されるという現状があるからです。図書館の予算が限られていることは理解できますが、同じ本を何冊も買う余裕があるなら、多様な本を揃えるべきではないかと考えるのは当然でしょう。

一つの図書館に同じ本が何冊もある状態を「複本」と呼びます。図書館としては、複本を用意しなければ、利用者の要求に応えられないということでしょう。確かに、人気のある本は予約が殺到して、何ヵ月も待たされることになります。けれども、図書館にはタダで本が読めるという大きなメリットがあるのですから、少しくらいなら利用者に待っていただくというのも、仕方のないことではないでしょうか。待たずにタダで本が読めるのなら、誰もお金を出して本を買わなくなってしまいます。実際に、最近は本の売り上げが減少して、推理作家や出版社の間に、図書館に対する批判が高まっているのです。

図書館が充実し、便利になればなるほど、本の売り上げは減少します。そのためヨーロッパの各国では、著作者に対する補償金制度を確立しています。その根拠となっているのは、「公共貸与権」という考え方です。本書ではその「公共貸与権」の理念を紹介しながら、日本の図書館の現状について考察し、また複本がもたらす影響について検討した上で、これからの図書館のあり方に関して、一つの提言をしたいと考えています。

図書館というものは、必要です。しかしいまのままでは、図書館の存在が、日本の文芸文化を滅ぼすことにもなりかねません。多くの図書館関係者や、利用者、日本の文芸文化を愛する読者の皆さんに、この本がささやかな問題提起になればと願っています。

図書館への私の提言／目　次

1　著作権は基本的人権である

これから書きはじめるこの本は、図書館を批判するものではありません。むしろ図書館というものの意義を認め、図書館の発展と機能の充実のために、いくつかの提案をしたいという思いから、この本を書き始めることにしたのです。

ここでいう図書館とは、基本的には、県立、市立などの公共図書館だと考えてください。図書館は他にも、大学図書館など大規模なものから、専門図書館、さらには児童館に併設された図書室など小規模なものまで、さまざまなものがありますが、一般の方々がよく利用されるのは、公共図書館、とくに「まちかど図書館」などと呼ばれる、お近くの分館だろうと思います。

多くの人々が利用する図書館を想定しながら、図書館と著作権の問題について考えてみたいというのが、この本の目的です。

読者の中には、図書館というものと、著作権というものに、どのような関わりがあるのかと、疑問に思われる方もいらっしゃるでしょう。著作権とは何なのか、よくわからないという人もいるかもしれません。

そこで最初に、図書館と著作権がどのように関わっているのかということを、簡単に指摘しておきたいと思います。実はこの問題は、かなり複雑な要素を含んでいます。だからこそ、本一冊の分量で、この問題を論じようとしているわけですが、ここは序論ですので、ごく簡単に、問題のいとぐちだけをお話しすることにします。

図書館と著作権

本の作者のことを、著作者といいます。著作者には、著作権と呼ばれる、著作物に関する一種の所有権（知的所有権と呼ばれます）が与えられています。

この著作権は、譲渡することができますし、相続することもできます。ですから、作者でない人（著作権継承者といいます）が著作権をもっていることもあるのですが、とりあえず、新しい作品が書かれて本が出た直後は、その本を書いた人が著作権をもっていると考えていいでしょう。

わたしも著作権をもっている著作者の一人です。わたしは本を書くことで生活をしていますので、これが職業ですし、税金を申告する時は、著述業を事業として行なっているということになります。

わたしが本を書くことを事業とすることができるのは、著作権というものがあるおかげだといっていいでしょう。著作権には、著作者人格権と呼ばれる、幅の広い権利が含まれていますが、事業として著述業を営む場合に活用されるのは、著作者財産権と呼ばれるもので、狭い意味での著作権は、この著作者財産権を意味します。

読者の皆さんは、どんなお仕事をされているのでしょうか。仕事をした場合、それが勤労であれば、月給なり日給なりのかたちで賃金が支払われます。事業の場合は、農産物や工業製品などの商品を売るなり、何らかのサービスをすることによって、その対価として、お金を受け取るということになるでしょう。

作家も同様です。本を書くという仕事に対する対価を受け取って、自分の生活を支えていく必要があります。作家は仙人ではありませんから、カスミを食って生きているわけではありません。ふつうの人と同じように、食べ物を食べていますから、生活費が必要です。また本を書くためには、昔はペンとインクと原稿用紙があれば充分だったのですが、いまはパソコンやワープロが必要ですし、取材や資料購入などの経費が必要です。

複製権　では、作家すなわち著作者は、どういうかたちで、自分の著作物から対価を得ているのでしょうか。

著作権の中の財産権には、いろいろな権利が含まれている（詳しいことは章を改めてお話しします）のですが、中心となるのは「複製権」です。

英語では著作権のことを、コピーライト（copyright）といいますが、文字どおり「コピーの権利」すなわち複製権を意味しています。

ここでいう「コピー」というのは、コピー機による複写のことではありません。もちろんコピー機による複写も「複製」の一種なのですが、通常は、印刷機による大量のプリントを意味しています。つまり複製権というのは、自分の原稿を大量に印刷して本を作る権利なのです。

ここで注意していただきたいのは、この「複製権」は、単に「複製をすることができる」という権利ではないということです。「複製をすることができるだけでなく、自分以外の者には複製ができない」という権利です。わたしの作品を複製することができるのは、わたしだけなのです。こういう排他的で独占的な権利を、ふつうは「専有権」と呼んでいます。つまり、「ひとり占めできる」権利というわけです。

この「専有権」は重要です。わたし以外の人が、勝手にわたしの作品を複製することができるのであれば、いろんな出版社が勝手にどんどん本を作ってしまい、わたしのところにお金が入ってきません。わたしの本を印刷して販売する権利を、作者のわたしが独占しているからこそ、書くことが収入につながるのです。

出版権

著作者に複製権があるといっても、自分で印刷所の手配をしたり、本の販売をするのは大変ですから、著作者は複製権を出版社に委託して、本を作ってもらうことになります。著作者から複製権を委託された出版社は、著作者がもっている「排他的で独占的な複製権」によって、その作品を独占的に印刷し、販売する権利をもつことになります。これを一般には「出版権」と呼んでいます。著作者はその対価として、発行部数に応じて著作権使用料を受け取ります。

出版権は、本来は契約書によって契約が結ばれ、設定されるべきものですが、日本では、慣例に従うということで、契約書を交わさないケースも少なくありません。

その場合は、定価の一〇%に発行部数をかけたものが、著作権使用料になります。ちゃんと契約書を交わせば、このパーセントを変えることもできるのですが、日本の作家でエージェント（代理人）を置いている人はほとんどいないので、アメリカの作家のように、極端に高いパーセントで契約をするケースは皆無だといっていいでしょう。

なお、著作権使用料のことを「印税」と呼ぶこともあります。昔は検印といって、本の奥付のところに、著作者のハンコを押したシールが貼ってありました。発行部数の確認のために、著作者は自分でハンコを押してシールを作ったのです。

いまは出版社を信用して、検印は省略されるようになりましたし、べつに税金ではないので、

「印税」という言葉は適当ではありません。「著作権使用料」というのが正しい言い方です。皆さんも、書店で本を購入されると思います。皆さんが支払われる定価の一割が著作権使用料ですから、皆さんも著作権使用料を払っているということになります。

読者は本を読むことで、楽しんだり、情報を得たりするわけですから、その対価として、本を書いた人にお金を払う。これは当然のことですし、このことに異議をはさむ人はいないと思います。

著作権使用料を支払わない人

ところが、世の中には、著作権使用料を払わずに本を読み、楽しみ、情報を得ている人たちがいます。これは著作者の財産権を侵害する行為であると同時に、ちゃんとお金を払っている人に対しても、不公平で不正な行為ではないかとわたしは考えます。

具体的に、どういう人々が、著作権使用料を払っていないのでしょうか。

まずは書店で立ち読みをする人です。店頭で小説などの作品を本一冊ぶんを読み切ってしまうのは大変ですが、漫画や写真集なら可能でしょう。そのため最近では、漫画も写真集も、ビニール袋などに入れて、立ち読みができないようになっています。

次に、古書店で本を買って読む人。この場合は、読者はお金は払っているわけですが、そのお金には、著作権使用料は含まれていません。皆さんが古書店で支払った対価は、著作者には届かないのです。

最近は、古書店のチェーン店が、急速な勢いで増大しています。こういう店では、出版されたばかりの本を高く買い取りますし、本の汚れをとる技術も進歩していますので、新品かと思うような本が店頭に並んでいます。そのため、「新古書店」と呼ばれることもあります。

わたしも時々、この新古書店で本を買います。百円コーナーといったところで買い求めることもありますが、新しい本だと、定価の半額程度を支払うことになります。しかしこのお金は、作者のところには届きません。すべてが新古書店の利益になってしまいます。

それから、漫画喫茶で漫画や雑誌を読む人。喫茶店では、コーヒー代などが支払われますが、もちろん漫画喫茶から著作者に対価が支払われることはありません。理容店や医院で、順番待ちの人のために漫画や雑誌が置かれていることもありますが、この場合は単なるヒマつぶしですし、本を読もうと思ってお医者さんに行く人はいないでしょう。しかし、漫画喫茶を利用する人の場合は、漫画を読むために漫画喫茶に行くわけですから、正当な対価を著作者にも払うべきではないかとわたしは考えます。

貸本屋も同様です。従来からある貸本屋さんは、規模も小さく、店舗の数もそれほど多くなかったので、実害は少ないと考えられていたのですが、最近では、レンタル・ビデオショップでコミックの貸出をするようになっています。ビデオショップは店舗の数も多く、全国展開をしているチェーンもあります。いまのところは漫画に限られていますが、将来は推理小説など、一般の書籍にも拡がっていくのではと懸念されています。

と、ここまでのところは、この本を書きはじめた時の文章なのですが、本を書いているうちに、状況はどんどん変化していきます。そういうフレッシュな問題を論じているわけですから、自分の文章がどんどん古びていくことを実感します。この段落は、実は本一冊ぶんの原稿を書いて、最後に字の間違いなどをチェックするために、最初から読み返しながら、必要に応じて書き加えている文章なのですが、この本を書きはじめてから、すでに二ヵ月ほどの時間が経過しているので、問題はさらに発展しています。

漫画喫茶については、漫画喫茶の業界とコミック作家の間に話し合いが成立して、おそらくごくわずかな金額になるでしょうが、著作権使用料が払われる見通しになりました。一方、貸本屋さんの方では、大手新古書店が、ビデオショップとタイアップして、コミックだけでなく、一般の書籍も貸し出す、大規模なレンタルショップを開設しました。ついにレンタルの問題は、書籍にまで波及したのです。こちらの方は、まだ問題解決までには、かなりの時間が必要だと思われます。

ここまで述べてきた、漫画喫茶や貸本屋の問題は、確かに重要な問題ではあるのですが、この本の中心テーマではないので、あとで論じることとして、ここでは話を先に進めましょう。

公共図書館はタダで本を貸す

本の「タダ読み」で、最も注目されなければならないのは、公共図書館の利用者でしょう。図書館で本を借りて読む人は、お金を払いません。しかし図書館利用者も、お金を払って新刊書を購入した人と同じように、読書を楽しみ、情報を得ているわけですから、はなはだ不公平な事態だといわねばなりません。

ここで誤解を避けるために、あわてて表明しておきますが、わたしは図書館を利用する人が、ずるいことをしていると指摘しているのではありません。公共図書館において、タダで本が読めるというのは、万国共通の、国民に与えられた基本的な権利です。そのために図書館は設立されているのですし、利用者はべつに悪意があって料金を払わないのではなく、タダで本を貸すという図書館の当然のサービスを利用しているだけのことです。

すべての国民は公共図書館で、無償で本を読む権利を有しています。これは文化的な生活を営むための基本的人権といってもいい、当然の権利です。

しかし、だからといって、このままでいいということになりません。図書館利用者がタダで読書を楽しみ、情報を得ているにもかかわらず、著作権使用料が著作者に支払われていないということは、まぎれもない事実です。

図書館の数が増え、便利になって、すべての読者が図書館を利用するようになってしまえば、お金を払って本を買う人がいなくなります。出版社も書店も倒産し、著作者は飢え死にしてしまいます。これでは、日本の文芸文化そのものが滅びてしまいます。

わたしは、図書館利用者に、お金を払えと言っているのではありません。

公共図書館でタダで本を読む権利は、すべての国民に保証されたものです。世界中の国々に図書館が設置され、多くの人々が図書館を利用していますが、利用者からお金をとっている国はありません。現在オランダでは一部の有料化が検討されているという話もありますが、図書館が無料であるというのは、世界の常識といっていいでしょう。

しかし、図書館で本がタダで読まれることに対して、著作者に対して何らかの補償が必要だというのも、世界の常識なのです。

ヨーロッパのほとんどの国において、著作者に対して、実際に補償金が支払われているという事実を、皆さんはご存じでしょうか。

本をタダで読まれてしまうと、著作者には損害が生じます。この損害は、当然、補償されなければなりません。そこで多くの国々では、国家が基金を創ったり、地方自治体が基金を創ったりして、著作者に対して補償金を支払うシステムを構築しています。

先進諸国では常識になっているこの補償金システムが、日本ではまったく採用されておらず、話題にさえなっていないということは、日本という国の文化的な後進性を示すものだとわたしは考えます。

著作権は基本的人権

著作権というのは、知的所有権の一部です。知的所有権には著作権の他に、発明や発見、意匠や商標のデザイン、コンピュータ・ソフトウェア、データベース、半導体チップのレイアウト、農作物や家畜の品種改良などが含まれます。その知的所有権は、土地、建物、生産設備その他の物品の所有など、一般的な所有権に含まれ、この所有権は、基本的人権に含まれます。

つまり、著作権は、基本的人権の一部なのです。

日本の図書館においては、著作者の基本的人権が、無視されています。人権が剥奪されているのです。

なぜそんなことが起こってしまったのでしょうか。

わたしは社団法人日本文藝家協会で、知的所有権委員長を務めています。文芸家の場合は、知的所有権といえば、まず著作権と考えていいでしょう。著作権に関わる問題の責任者として、文化庁の著作権審議会（現在は著作権分科会という名称になっています）の委員を務め、図書館関係者や、著作権問題に詳しい有識者の方々と議論を続けてきました。

図書館関係者の主張は、公共図書館には「公共性」があるということに尽きるでしょう。この点は、わたしも理解しています。公共図書館は住民にサービスする義務を負っていますし、住民は多様な本を自由に、無償で読める権利をもっています。とはいえ、こうした住民サービスが、一部の人々（著作者ということですが）の犠牲の上に成り立つというのは、あってはならないことだとわたしは考えます。

一例を挙げれば、道路や鉄道や飛行場の建設のために、個人の土地、建物が、強制収用される場合があります。個人の所有権が剥奪されるわけですから、人権の侵害といってもいいのですが、一部の人々の反対で、道路や鉄道や飛行場の建設に支障が出れば、公共性が損なわれます。公共性と個人の所有権などの私権が対立した場合に、公共性を優先するというのも、時には必要でしょう。

とはいえ、個人の土地が収容される場合には、必ず、土地建物の対価に加えて、立ち退きのための費用などが支払われます。タダで個人の土地を奪ってしまうなどということはありません。

公共性のためには個人を犠牲にしてもいいというのは、全体主義国家の発想です。公共事業というのは、公共の施設を建設し、運営するために、税金を投入することを意味します。「公共性」のかけ声だけで、タダで私権を奪い、人権を侵害することではないはずです。

図書館には、長い歴史があります。その間、著作者の権利が主張されることは、これまではありませんでした。そのため、図書館関係者も、利用者も、タダで本を貸し、タダで本を読むことを、当然のことであると考え、揺るぎのない既得権であると考えているようにも思われますし、図書館の窓口担当者や一般の利用者は、著作権のことなど考えたこともないというのが実情でしょう。

実は、著作者の側も、図書館の活動が場合によっては著作権に抵触する可能性があることを感じながら、あえて権利の主張を控えてきたという経緯があります。それは多くの作家が、図書館というものを愛しているからです。

作家も学生の頃は図書館を利用し、そのことで作家としての基礎的な教養を得たはずですし、現在も執筆の資料を得るために、図書館を利用している作家も少なくありません。作家は著作者であると同時に、図書館の利用者なのです。

しかしつい最近のことですが、著作者の多くが、図書館に対して異議を申し立てるようになりました。

複本の問題点

最近の経済不況の影響で、一般の読者が書籍の購入を控え、図書館を利用するようになったということがあります。このことを批判することはできないのですが、著作者の多くが不満を覚える日本の図書館に特有の状況があるのです。

それは、「複本」と呼ばれるものの存在です。

利用者のニーズは多様ですから、図書館には予算の許す限り、多様な本が置かれるべきでしょう。欧米の図書館は、「レファレンス」と呼ばれるサービスが中心です。利用者の相談に乗って、読書指導をしたり、何かを調べようとしている人には、こういう本を調べればいいのではないかとアドバイスしてあげる。こうした業務を「レファレンス」といいますが、充実した「レファレンス」のサービスのためには、本に関する知識の豊富な職員を揃えると同時に、館内に多種多様の本を揃えておく必要があります。

日本の公共図書館では、「レファレンス」サービスのための図書館司書が不在だったりする場合も多く、また、司書の資格をもっている職員も、県庁や市役所の別の部署から回されて、短期講習で資格をとった人が多く、利用者の要望に応えられない図書館が少なくありません。

それは日本の公共図書館が、「レファレンス」ではなく、図書の貸出に重点を置いて、図書館を運営してきたからです。つまり、貸本屋と同じことをやっているだけなのです。

貸本屋と違うところは、規模が大きく、タダで本を貸してくれるということだけです。タダで本が借りられるわけですから、利用者に喜ばれていることは間違いありません。しかし、「レファレンス」の機能が充分ではないため、何かを研究しようというような、レベルの高い利用者の期待には応えられなくなっています。利用者の方も、ただの貸本屋と割り切っているようなところがあります。

図書館を、規模の大きな貸本屋としか考えていない利用者にとっては、話題となっているベストセラーや、人気作家の本が読めれば、それで充分ということになりますし、またそういった本がすぐに読めないと、不満を覚えるということになります。

話題のベストセラーや、人気作家の本は、利用者が殺到します。そのために、「複本」が置かれることになります。「複本」というのは、一つの図書館に、同じ本が二冊以上置かれている状態を意味しています。

人気のある本が、一冊しか置かれていないと、利用者が図書館に行っても、いつも貸出中で、なかなか読むことができないということになります。最近では多くの図書館が、利用者からの予約を受け付けていますから、ベストセラーの本を読もうとすると、数ヵ月も待たされることになります。極端な場合、一年先まで予約が埋まってしまう場合もあるでしょう。

レファレンスよりも貸出に重点を置くという公共図書館の方針からすれば、貸出を望む利用者の声を無視するわけにはいきません。

そこで多くの図書館では、要望が集中する作品については、二冊、三冊と、在庫を増やしていくことになります。人気作家の新刊書が出ると、予約が殺到することが予想されるため、最初からまとめて購入する場合も少なくありません。

待たずに読めるということは、利用者にとっては便利です。しかし、一年も待たされるのであれば、本屋で買おうという気になる利用者もいるはずですから、図書館が利用者に便利なように「複本」の設置というサービスを強化すると、それに応じて本が売れなくなることは確実です。

図書館の「複本」サービスは、著作者だけでなく、書店、取次会社、出版社にも損失をもたらすことになります。

おそらく、不況によって、本の購入を控え、図書館を利用する読者が増えているのだろうと思います。すると予約が増えますから、図書館の方も、利用者へのサービスのために「複本」を増やします。利用者はますます便利になりますから、つねに図書館を利用するようになり、自分でお金を出して本を買うということがなくなってしまう……。

こうした「複本」によって被害を受けるのは、人気作家だけではありません。図書館の予算は限られていますから、その限られた予算の中で同じ本を何冊も購入すると、他の本を購入する費用が少なくなります。

図書館の存在意義

レファレンス業務を中心とした図書館の場合は、図書館司書の指導によって、利用者に多様な本を提供する必要があります。ですから、そうしたニーズに応えて多様な本を置くというのが鉄則のはずですが、単なる貸本屋に堕している多くの公共図書館では、本棚がベストセラーに占拠されて、純文学や学術書など、人気はないけれども、文芸文化としての意義は高い良質の本が、図書館の本棚から姿を消してしまうおそれが出てきます。

図書館の利用者は、ベストセラーだけを求めているわけではないのです。一般の書店では見つからないような、専門的な本を必要としている利用者もいますし、中学校や小学校でも、最近は調べ学習と呼ばれる自主研究が奨励されていますから、学校の図書室にはない専門的な本を求めて、生徒が公共図書館を訪ねることもあるでしょう。レファレンス業務をちゃんとやってほしいと望んでいる利用者も多いはずです。

ところが、図書館にはベストセラー本ばかりが置いてある、ということになれば、図書館の存在意義さえ疑われることになってしまいます。

もちろん、ある程度の規模の図書館になれば、多種多様の本が揃っていますし、規模の小さい分館でも、窓口に要望を出せば、一日か二日で本館から取り寄せることができるようになっています。

市立図書館と県立図書館が提携していて、市立の分館から、県立中央図書館のデータベースが検索できるようになっている場合も多く、そこで予約をすれば、自宅の近くの分館で、中央図書館の本を借りることも可能ですから、利用者が大幅に不便を感じるということもないのかもしれません。

しかし、多様な本を開架式の本棚で自由に閲覧するというわけにはいきませんし、著作者の側からしても、純文学の名作を書いても、県立中央図書館にしか置かれないということになると、何となく寂しい思いをします。それだけでなく、都道府県の中央図書館にしか置かれないということになれば、文学的には評価が高い本でも、ベストセラーではないということになると、全国で五〇冊しか売れないということにもなってしまいます。

コンピュータによる検索システムの導入で、純文学や学術書など、これまで図書館からの購入に頼っていた本が、急に売れなくなったというのが現実です。こういう本の作者は、自分の仕事に、ある程度の自負を感じていますから、近くの分館に行っても自分の本がなく、かわりに推理小説などが「複本」として大量に購入されるという最近の傾向に対して、図書館そのもののあり方について疑問を覚えるようになっています。

簡単に言えば、売れている作家も、売れていない作家も、それぞれに違った理由から、「複本」に対して異議を申し立てるという点では、意見が一致しているということです。

あとで詳しくお話しすることになりますが、推理小説の作家たちは、「複本」だけでなく、そもそも自分たちの本を図書館に置かないでほしいと主張していますし、売れない純文学の作家たちも、図書館から推理小説を一掃してほしいと考えているのです。

もちろんこれでは、利用者の立場を無視しています。図書館に純文学を読みにくる利用者も少なくはないと思いますが、人数からすれば、推理小説やベストセラーの本を読みたいという人の方が多いでしょう。

レファレンス業務ではなく、貸出に重点を置くという方針を、多くの公共図書館が長く続けてきたために、利用者の期待も、そちらの方に傾いてしまっています。図書館に行っても目的のベストセラー本がなかったり、何ヵ月も待たされるというのであれば、利用者の期待を裏切ることになります。

本書の目的

では、どうすればいいのか。

この難問について考えるのが、この本の目的です。

図書館の長い歴史に、最近の経済事情までが絡み合った複雑な問題ですから、こうすればいいという結論を、たやすく提出することはできません。図書館の歴史や実情をしっかりと踏まえながら、これからの図書館というものを、読者の皆さんといっしょに考えていきたいというのが、この本を書きはじめたわたしの目的です。

わたしは、自分の意見を一方的に主張するつもりはありません。ここまでは序論ですので、コンパクトに語るために、問題を単純化して語った部分もあります。そういう点は、章を改めて詳しくお話しするつもりです。

図書館についての本ですから、図書館について語ることになりますが、この問題は、著作権に関わる他の問題とも、つながっていることが多いので、教育機関におけるコピーの問題、新古書店の問題、貸本屋の問題、さらにはインターネットによる配信などの問題にも触れることになるでしょう。

これらの問題は、図書館の将来に関わってきます。図書館におけるコピーのサービスも、これからの課題になるでしょうし、新古書店や貸本屋の普及は、図書館の業務と競合することになります。インターネットの普及はやがて一般の人々が自宅で利用できる電子図書館というものに発展していくはずです。

多岐にわたる問題を論じながら、これからの図書館を考え、その中で、改めて著作権というものについての問題を深めていきたいと思います。

2 ヨーロッパでは補償金制度が実現している

前章では、ヨーロッパのほとんどの国において、著作者に対して、実際に補償金が支払われているという事実を、お伝えしました。この章では、著作権の歴史をたどりながら、図書館と著作権の関係について考えてみましょう。

ヨーロッパの補償金制度

ヨーロッパで補償金制度が確立されたのは、二〇世紀の半ばになってからです。一九四六年のデンマークが最初で、第二次世界大戦の終戦直後のことです。翌年にはノルウェー、一九五四年にはスウェーデン、さらに一九六一年にはフィンランドという具合に、まず北欧諸国で実施されました。一九六八年のアイスランドも含めて、いずれも「公共図書館法」という新しい法律を制定しています。

その後、一九七三年にドイツで実施されました。この場合は、著作権法によるものです。続いてヨーロッパではありませんが、同年にニュージーランド、翌一九七四年にオーストラリアと、オセアニアの二ヵ国で実施され、ようやく一九七九年になって、イギリスで補償金制度が実現します。イギリスでは、公共貸与権法という特別の法律が制定されました。

北欧で補償金制度が始まってから、イギリスにおいても多くの作家たちが、補償金制度の実現を要望していたにもかかわらず、三〇年間にわたって議論が続き、ようやく、イギリスでも国家基金による補償金制度が実現したのです。

その後も、オランダ、カナダ、イスラエル、フェロー諸島、グリーンランド、モーリシャス、リトアニアなどで、補償金制度が確立されました。

また、まだ実施に到っていないEU加盟国においても、補償金制度の実現を目指して準備が進んでいます。というのも、EU統合前のECの時代に、すでに理事会から各国に、公共貸与権による補償金制度について検討するようにという指示が出されているのです。

EUというのは、各国が一つの国になるようなものですから、それぞれの国内の制度が不揃いではさまざまな不都合が生じます。そこで、なるべく制度を統一しようということになっているのです。近い将来、ヨーロッパのすべての国で公共貸与権による補償金制度が確立されることは、ほとんど間違いないことだといっていいでしょう。

ここで注意していただきたいのは、単純に著作権法だけで補償金制度を実現している国は、ドイツ、オランダなど、数えるほどしかなく、北欧諸国では公共図書館法という新たな法律を作って対処していることです。さらに、国家基金の実現まで三〇年もかかったイギリスでも、公共貸与権法という特別の法律を作って、ようやく実現にこぎつけたという点は、重要なポイントだろうと思われます。

著作権法だけで対応したドイツやオランダは、国家基金ではなく、図書館の設置者（地方自治体）が基金の大半を負担することになっています。そういう点では、著作権という考え方だけでは対応しきれない面もあると思いますが、新しい法律の制定には、どの国でも長い年月がかかっていることを考えると、理想の補償金制度を実現する第一歩としては、著作権という面から、補償金制度について考えていくべきではないかとわたしは考えています。

著作権の歴史

ここには、図書館と著作権の問題の複雑さがひそんでいるのですが、その根本的な問題を解明するためには、著作権の歴史をひもとく必要があります。

「公共図書館」の特殊性と、補償金制度の確立には欠かせない「公共貸与権」という概念は、ヨーロッパにおける著作権の成立過程の事情から、必然的に生まれたものだからです。

ヨーロッパで著作権という概念が発生したのは、一九世紀の後半になってからで、フランスの文豪オノレ・ド・バルザックらが中心になった著作権運動の成果が、法律の実現を生み出したものでした。

一九世紀のフランスには、ヴィクトル・ユゴー、アレクサンドル・デュマ、エミール・ゾラなど、数多くの文豪が輩出しました。彼らの活躍の舞台は、主に新聞小説でした。大革命によって土地から解放された農民たちが、都市に集まって商工業に従事するようになると、急速に識字率が高まります。

中世においては、農民は貧乏ではあっても、とにかく父親と同じ仕事をしていれば、何とか生きていくことができました。しかし近代都市という場所では、新しい生き方が求められます。そこでは旧い道徳は通用しません。民衆は都市生活のために必要な新しい情報を求めて新聞を購入したのですが、近代における新しい道徳規範、人生をいかに生きるべきかという指針を求めて、新聞小説に熱中したのです。

人気のある作家は、多くの新聞から執筆を求められました。当然、原稿料は上がっていきます。デュマなどは、城のような邸宅に住む大富豪となりました。

新聞に原稿を書く場合は、一種の買い取りです。書いたばかりの原稿と引き替えに、対価をもらうことになります。人気作家は需要が増えますから、売り手市場となって、原稿料を上げることが可能になります。新聞は毎日消費されていくものですから、連載がまとまった場合には、新聞社とは別の出版社から、単行本を出すことができます。

ここでも、出版社に出版権を与えることで、作家は対価を得ることができるのですが、この出版権は、排他的独占権でなければなりません。書き下ろしなら、生原稿と引き替えに対価を受け取るということで、取引は成立するのですが、新聞小説の場合は、すでに作品は活字になって公表されているのです。

新聞に発表された連載小説の切り抜きをもっていれば、誰でもそれをもとに本を出版することができます。連載小説を勝手に出版する業者が現れては、作家も困りますし、作家から出版を委託された出版社も、出版の独占権を保有していなければ、利益を得ることができません。

このあたりから、著作権という概念が生まれたわけですが、とくにバルザックたちが留意したのは、二つのポイントです。

第一は、増刷した場合の対応です。新聞の場合は一回きりの掲載ですから、原稿は買い切りでいいのですが、単行本はいくらでも増刷できますから、増刷に応じた対価が支払われなければなりません。

ここからコピーライト（複製権）という言葉が生まれました。この複製権は、著作者が専有する権利です。著作者でない者が作品を勝手に複製することは許されないのです。いまではこのコピーライトという言葉が、著作権そのものを指すくらいですから、著作権の柱となっているのが複製権であることは間違いありません。

しかし当時のバルザックたちは、もう一つの問題点をかかえていました。それは、貸本屋の存在です。

ペーパーバックスと呼ばれる廉価な本がなかった時代です。当時の書籍は、中世以来の伝統的な革の装幀で、造本も立派なものでした。当然、価格も高く、一般庶民には手の出ないものでした。そこに目をつけた貸本屋が出現して、安い値段で貸出を始めたのです。

新聞小説によって、大衆は小説の面白さを知っていました。新聞で評判になった作品や作者の名前は、クチコミで広まっていました。ですから、大衆は貸本屋に押し掛け、貸本屋は多大な利益を挙げていました。結果としては、多くの読者が本を読んで楽しんでいるにもかかわらず、本は貸本屋にしか売れず、したがって増刷もないということになります。

せっかく複製権を獲得しても、増刷がないのであれば、著作者は増刷分の対価を得ることができません。そこで、バルザックたちは、貸本屋からも著作権使用料がとれるように、「貸与権」という概念を確立したのです。

このように、著作権は、その出発点の段階で、すでに「貸与権」含んでいました。ただし、この場合の「貸与権」は、お金をとって本を貸し出す貸本屋が対象でしたから、正確にいうと、「レンタル権」と呼ぶべきものでした。

レンドとレント

日本語には「貸す」という言葉しかないのですが、英語には「貸す」に該当する言葉が二つあります。

すなわち、レンド（lend）とレント（rent）です。

さらに長期的な貸与については、物や機材を貸し出すリース（lease）と、購入資金を貸し出すローン（loan）という言葉がありますし、人を雇う場合にはハイヤー（hire）という言葉を用いることもありますが、返却を前提とした物品の短期的な貸与は、「レンド」か「レント」のどちらかです。

カタカナで書くと区別がつきにくいので、名詞形にして「レンディング（無償貸与）」と「レンタル（賃貸）」というふうに表記しましょう。

この「レンタル」という言葉は、ラテン語の「返却」という言葉が語源になっているといわれています。例えば小作人が、農地を地主から借り受ける場合のように、所有権を移転せずに、使用料を払って何かを使用する場合に用いられる言葉です。ここで重要なのは、「レンタル」の場合には、必ず使用料が支払われるということです。

一方、「レンディング」の方は、例えばわたしが友人に本を貸したり、車を貸したりするように、個人が無償で物を貸す場合に限定した貸与を意味します。

バルザックたちが求めた「貸与権」というのは、当然、「レンタル権」だったのです。ですから、個人が無償で友人に本を貸すといった「レンディング」の方は、著作権の対象外となっていました。

当時はまだ、公共図書館というものが普及していなかったために、タダで本を貸す施設が著作者の権利を侵害するといった事態は、まったく想定外だったのです。

さて、今度は、図書館の歴史について検討しましょう。

図書館の歴史

図書館は英語ではライブラリー（library）、ドイツ語ではビブリオテック（bibliothek）ですが、英語はラテン語の「本」という語がもとになっていますし、ドイツ語の方はギリシャ語の「本」をもとにしていて、いずれも「本」を集めたところという意味です。

図書館という訳語は明治以来用いられていますが、江戸時代以前には、「文庫」という言葉が用いられていました。日本にも、本を集めた文庫というものがあったのです。しかし日本の文庫と、ヨーロッパの図書館とは、その設立の経緯も機能も異なったものですから、文庫という言葉を用いず、あえて図書館という訳語をあてたのでしょう。

ヨーロッパでは、王宮や修道院などに、図書館が設けられました。大学が設置されると、ここにも図書館が設けられましたし、商業組合のようなところに、会員のための小規模な図書館が設けられたこともあったようです。しかし、一般大衆のための図書館が設けられたのは、近代に入ってからです。

産業革命やフランス大革命などで、市民階級が台頭することによって、一九世紀の末ごろには各地に公共図書館が設置され、イギリスでは「図書館法」が制定されました。

税金でまかなわれる無料の図書館という基本理念は、この「図書館法」によって確立されたものです。図書館職員の養成も、この基本理念に沿って実現しました。現在のデータベースという概念のもととなった、図書の分類や目録の制作なども徐々に整備されていきました。

こうした図書館の創設に到る状況を見ると、商業組合の図書館などの例外を除けば、市民の側の要求に応えるというよりは、権力者側からの啓蒙主義的な発想が推進力になったと思われます。もちろん一九世紀のことですから、権力者といっても王侯貴族ではなく、民主主義による市民の代表が権力の座に就いているというのが前提です。

啓蒙主義というのは、本来は反権力的な発想です。ジャン・ジャック・ルソーが「人間不平等起源説」や「社会契約論」を唱えた一八世紀前半のフランスにおいては、まだ保守的で封建的な中世の社会システムがそのまま残っていました。農民は土地に縛りつけられていて、引っ越しする権利もないし、自由に職業を選ぶこともできなかったのです。

ですから啓蒙主義は、多くの民衆に、基本的人権や自由の意識をもたらすための運動であったはずで、実際にルソーの思想は、フランス大革命という大きな成果を生み出すことになりました。

しかし、産業革命やブルジョア革命が実現した後、権力者の側によって啓蒙運動が推進される場合には、別の観点があったはずです。主な産業が農業であった時代には、権力者は愚民政策をとります。民衆は変に智恵をつけることなく、黙々と働いてくれた方がいいし、農作業には格別の知識も必要ありません。

しかし商工業が中心の社会になると、科学技術や経済、商業、法律など、さまざまな知識が必要になります。民衆の知的レベルが向上した方が、産業が発達し、国力が豊かになっていきます。そういうこともあって、国家権力の方が積極的に、国民を啓蒙しようとして、学校を作り、教育の向上を図ります。図書館の設置も、そうした流れの中で実現したものでしょう。

図書館はヨーロッパの先進諸国で生まれ、やがてそれらの国では成熟期を迎えます。成熟期というのは、地域ごとに中央図書館と分館が設置され、誰もが手軽に図書館を利用できるような体制が整った状態です。これに学校の図書室や、公民館、児童館などが加われば、国民の知性を向上させるための充実した環境が整ったといえるでしょう。

図書館が充実し、歩いて行ける範囲に分館があり、誰もが自由にタダで本を読むことができる。これは本好きの利用者にとっては、またとない状況だと思われます。

しかし、ここに問題が生じます。誰もが手軽に図書館を利用でき、タダで本が読めるということになると、本を買う必要がなくなってしまいます。事実、イギリスのような図書館が充実した国においては、親が子供に児童図書を買い与えるという習慣がなくなってしまうというような状況になっています。そうすると、図書館の数だけしか本が売れないということになってしまいますが、それでは児童文学者が意欲をもって作品を作ることができなくなってしまいます。

これは児童文学だけに限られたことではありません。一般の人が読みたいと思うポピュラーな本が、図書館でタダで読めるということになれば、多くの人が、本を買わずに、図書館で読むようになるでしょう。

ただし、図書館の意義は、単なる住民サービスということではなく、啓蒙にあるはずです。つまり、国民の文化の発展と、知的レベルの向上というところに、図書館設立の目的があるわけですから、推理小説とか娯楽小説のようなものは、本来の図書館には、それほど置かれていなかったはずです。

図書館設立の初期段階では、大衆小説を扱う貸本屋と、学術書などを扱う公共図書館とが、一種の棲み分けをして、共存していたのです。

ところが、公共図書館が普及して館数が増えていくと、学術書を求める研究者だけでなく、一般庶民も図書館を訪れるようになります。すると利用者からの要望で、小説なども置かざるをえなくなります。とくに、分館のような小規模な図書館が、住宅地の中に置かれるようになると、大衆小説や児童書は欠かすことができません。

図書館でタダで本が読めれば、貸本屋は業務として成立しません。公共事業が民営企業を圧迫することになるわけですが、国のやることに民営の業者は対抗できませんから、貸本屋はやがて衰退していくことになります。

このようにして、図書館は一般大衆の身近な施設になったわけですが、問題は、著作権との関係です。

ヨーロッパの著作権法では、レンタル権はあっても、タダで本を貸すレンディングについては、著作権の対象外ということになっています。確かに図書館は、無償で本を貸与しているのですから、レンタルではありません。レンタルか、レンディングか、ということになると、レンディングに含まれることになります。

しかしよく考えてみると、図書館の貸出と、個人が友人などに本を貸す場合とでは、明らかに大きな違いがあります。

図書館は大きな施設をもち、大量の貸出を、業務として行なっています。専従の職員がいて、貸出業務に従事していますが、その職員たちはけっして無償のボランティアではなく、図書館業務に従事することで収入を得ています。これは図書を貸し出すことによって収入を得ていることにならないでしょうか。

また、図書館の運営は税金によってまかなわれているわけですが、利用者は図書館の近くの住民ですから、図書館を運営する自治体に対して、税金を払っています。その税金で図書館が運営されて貸出業務が成立するわけですから、タダで本を借りているように見えても、実質的には税金というかたちで利用者は利用料を支払っているのではないでしょうか。

このように考えてみると、図書館の貸出は、レンタル（賃貸）とはいえないまでも、ふつうのレンディングとは区別されなければなりません。

公共貸与権

そこで生まれたのが、パブリック・レンディング・ライト（Public Lending Right）という考え方です。これは個人による無償の貸与などの「レンディング」と区別して、公共図書館における貸与を、この言葉で区別してとらえようという試みです。この英語をそのまま日本語に翻訳したのが、「公共貸与権」という言葉です。

この言葉は、これまでの日本では、あまり用いられませんでした。それは、日本語というものの特質とも関係があります。というのも、日本の「貸与」という言葉は、「レンディング」と「レンタル」の双方を含んでいるので、ヨーロッパにおけるような困難は、最初から存在しないからです。

すでにお話ししたように、イギリスでは、「公共貸与権法」というものを制定することによって、ようやく国家基金による補償金制度が実現しました。北欧諸国で制定された「公共図書館法」も、その基本となっているのは、「公共貸与権」という概念です。つまり、公共図書館における「貸与」については、従来の著作権法では対応できないということなのです。

もっとも、ドイツ、オランダ、オーストリアなど、著作権法だけで乗り切っている国もないわけではありません。幸いなことに、日本では、「レンタル権」などといった言い方はせずに、「貸与権」という言葉で、「レンディング」と「レンタル」の双方を意味することになっていますから、例えばイギリスで補償金制度の確立までに三〇年かかった、といった困難は、日本の場合には起こり得ないはずだとわたしは考えています。

というのも、図書館関係者の中には、イギリスで三〇年かかったのだから、日本においても相当の議論を重ねるべきだ、などと主張する人がいるものですから、イギリスと日本の違いを明確にしておかなければなりません。

日本において作家が公に補償金制度の必要性を主張したのは、三年ほど前に、文化庁の著作権審議会（いまは分科会という名称です）でわたしが発言したのが最初ではないかと思います。その時点から、三〇年かかるというのでは、わたしが生きている間には実現しないということになってしまいます。

実は、日本の著作権法には、「貸与権」という言葉が、ちゃんと書かれているのです。

このことを知っている作家もほとんどいませんし、読者の方も驚かれたことと思います。作家が知らないのも当然で、この「貸与権」は、バルザックのように、作家が中心になって制定を求めたといったものではないからです。

日本の著作権法に「貸与権」という文言が加えられたのは、一九八四年のことでした。これは、その数年前から始まった、レコードのレンタル業者の出現に対応するものでしたから、この時の「貸与権」という言葉の場合は、「レンタル権」という意味合いが強かったことは事実です。しかし、日本の「貸与」という言葉には、無償の貸与も含まれますから、当然、公共図書館における貸出を含むことになります。

とりあえず、著作権法のその部分を見ていただきましょう。

第二六条の三　著作者は、その著作物（映画の著作物を除く。）をその複製物（映画の著作物において複製されている著作物にあっては、当該映画の著作物の複製物を除く。）の貸与により公衆に提供する権利を専有する。

カッコの中に但し書きが入っているため、少しわかりにくくなっていますが、このカッコを無視して読めば、実にシンプルな文章です。

「著作者は、その著作物をその複製物の貸与により公衆に提供する権利を専有する。」

これだけを見れば、公共図書館が本を貸し出す場合も、貸本屋さんが本を貸し出す場合も、著作者に許諾が必要だということになります。すでにお話ししたように、「専有する」というのは、「排他的独占権を有する」ということですから、この権利をもっている人の他は、勝手に貸出ができないということを意味しています。

ここで念のために、カッコの中に書かれた「映画の著作物」について説明しておきましょう。映画は映画館で上映されます。そこで配給会社が映画のフィルムのコピーを作り、映画館に配布します。上映期間が終われば、フィルムは配給会社に返却され、二番館や名画座などに回されます。そうやって何度も使われているうちに、フィルムは傷がついていき、やがて使いものにならなくなります。

配給会社に返却された段階で廃棄されれば、「貸与」であったということが明確になるのですが、中にはいつの間にか廃棄されてしまうこともありますし、回収されなかったフィルムがどこかに保存されているということも起こります。映画の場合には、「貸与」であるか「譲渡」であるか、不分明の部分があるので、これを一括して、「頒布《はんぷ》」と呼んでいます。

映画の制作会社や配給会社が、「貸与」か「譲渡」かにこだわらないのは、たとえフィルムを保有している人がいたとしても、「上映権」がない限り、映画館等で上映することができないためです。映画というものは、映画館で上映するために「頒布」するわけですから、通常は、上映権とセットになって配給されます。何かの事故でフィルムが損傷されたり、極端な場合はフィルムが盗まれたりした場合でも、またコピーをもらえばいいわけですから、物としてのフィルムにはこだわらないということです。

もっともこれは、ビデオテープやDVDなどが出現する以前に定められた考え方です。いまはビデオテープやDVDという「物」としての映画著作物が販売されていますから、一般の人々も、映画著作物を所有することができます。

しかし「頒布権」や「上映権」はまだ活きていますから、ビデオテープやDVDをもっているからといって、人を集めて上映することはできません。家族や友人を集めて、みんなで見る、というくらいのことはいいのですが、会場を借りて不特定多数の観客を集めて上映することは、たとえ無償であっても、映画会社の許諾が必要です。

また「頒布権」は、「貸与権」と「譲渡権」を合わせたような権利であるため、ビデオテープやDVDを中古品として流通させることにも、規制がかかります。著作物の中で、映画だけは、特別の扱いをされているのです。

話を元に戻しましょう。「著作者は、その著作物をその複製物の貸与により公衆に提供する権利を専有する。」と著作権法に書いてあるにもかかわらず、公共図書館における貸出にも、貸本屋さんの貸出にも、現実には、いかなる規制もかかっていません。それはなぜなのでしょうか。

もともとこの「第二六条の三」という法律は、レコードのレンタル業者から著作権使用料を取るために設けられたものですから、図書館や貸本屋さんを念頭に置いたものではありません。

しかし、「貸与」といえば、日本語の場合は、図書館の無償貸出も含まれますし、当然、有料の貸本屋さんはこの中に含まれてしまいます。

そこで、図書館と貸本屋さんにおける本の貸出が含まれないような仕掛けが施されることになりました。

まず、貸本屋さんの場合です。前述の「貸与権」の制定と同時に、著作権法の「附則」の中に、「書籍等の貸与についての経過措置」という項目が追加されました。その部分を見てみましょう。

第四条の二　新法第二十六条の三の規定は、書籍又は雑誌（主として楽譜により構成されているものを除く。）の貸与による場合には、当分の間、適用しない。

つまり、「第二十六条の三」というのは、レコードのレンタルを対象としたものであるから、「書籍と雑誌」については、「適用しない」ということなのです。

法律の改正は、たやすくできるものではありません。新たな法律によって、損害や不利益をこうむる人がいる場合には、その人の言い分を聞いたり、損害が生じないような処理を施すための検討が、充分になされなければなりません。

レコードのレンタルについても、レンタル業者とレコード会社、著作者が充分に話し合って、著作権使用料をどういうかたちで徴収するか、そのことによってレンタル業者が倒産するような事態が生じないか、といったことが、事前に話し合われ、ある程度の合意が得られたからこそ、法改正ということになったのです。

ついでのことに書いておくと、「第二十六条の三」では、「貸与権」は「著作者が専有する」とされています。レコードの場合の著作者とは、作詞、作曲、編曲など、創造的な仕事に係わった人々を意味しますから、レコード会社や歌手、演奏家等には、権利がありません。

しかし、レコードのレンタルによって、レコードの売り上げが減ることになれば、レコード会社にも損失が出ます。その点についても事前に話し合いがなされて、レコード会社と実演家には、「隣接権」というものが与えられることになりました。

書籍の貸与権

こんなふうに、法律を改正するためには、関係者の合意が必要なのですが、書籍の場合には、そういう話し合いがなされなかったので、「当分の間、適用しない」ということになったのです。「当分の間」と書かれていますから、貸本屋さんとの話し合いで合意が得られれば、この「附則」そのものを削除することは可能です。

そもそも「経過措置」というものは、無限に通用するものではなく、年限を定められたものと解釈すべきでしょう。しかしその後も、二〇年近い年月が流れているにもかかわらず、いまだにこの「経過措置」の附則は活きています。

おそらくこの「貸与権」が成立した当時の状況では、貸本屋さんというのは零細なところが多く、お金を取るのも気の毒だし、貸出の量そのものも少ないので、実害がないと出版社は判断したのでしょう。そしてそのまま、この「経過措置」の存在は、忘れられてしまったのです。

そもそも「貸与権」の制定は、レコードのレンタル業者の出現に対応したものでしたし、その後、ビデオショップの出現という事態が発生しましたが、書籍や雑誌については大きな動きがなかったために、「貸与権」が書籍にまで及ぶ可能性があると真剣に検討する人もなかったのでしょう。

ところが最近、この「貸与権」が、問題にされるようになりました。ここでいう「貸与権」というのは、附則で「当分の間、適用しない」と定められている「レンタル権」の方です。

従来からある貸本屋さんが零細であるという事情は変わらないのですが、まったく新しいレンタル業者が出現しました。それは、レンタル・ビデオショップです。

レンタル・ビデオショップはいま、ビデオテープからＤＶＤへの過渡期にさしかかっています。いまはまだ、ビデオテープの方が多いようですが、地域によっては、半分ずつくらいになっているところもあります。

ご承知のように、ＤＶＤのパッケージは、ビデオテープの半分以下です。ですから店内に入って、ビデオの方がはるかに多いと感じても、本数を数えてみると、DVDがテープと同じくらいあるという場合もあるのです。これが完全にDVDに移行してしまえば、棚は半分ですむということになります。

棚が余れば、いままで置けなかったポピュラーでない文芸映画やカルト的な映画を置けばいいと思うのですが、そういう作品は、貸出が少ないので、投資効率がわるく、業者からは敬遠されます。

そういう状況の中で、一部の業者が、DVDによって空いた棚に、漫画を並べはじめたのです。漫画はビデオよりも単価がはるかに安いのですが、そのぶん、貸出料金も安く設定しなければなりません。ですから利幅はうすいのですが、漫画を置いておくと、漫画を借りに来た客がついでにビデオも借りるという、人集めの効果があるようで、漫画を置くビデオショップが急速に増えつつあります。

最近では、コミックを一〇万冊揃えたレンタル店も出現しています。

ビデオショップの多くは、大手のチェーン店が経営しています。貸本屋さんのように、零細な企業ではありませんし、一つの店舗に置かれている漫画の冊数が限られているといっても、全国チェーンになれば、大変な量になります。どのビデオショップにも漫画が置かれているという状況になれば、自分でお金を出して買う人がいなくなるおそれも出てきます。

そこで、最近になって、コミック作家を中心とした著作者の団体と、漫画の単行本や漫画雑誌を出している出版社とが、「貸与権」に関する「附則」の削除を求める運動を始めました。法律改正の手順としては、著作権分科会の下に属する法制問題小委員会（わたしも委員として参加しています）で議論されることになると思いますが、その前に、いわゆる「根回し」が必要です。

実際に漫画を置いているビデオショップのチェーン店と話し合うだけでなく、附則を削除すれば、従来からの零細な貸本屋さんにも影響が及ぶことになりますから、ちゃんと話し合いをしておく必要があります。また、貸本業の実態を数字として把握する必要もあるでしょう。

すでにコミックだけでなく、推理小説などの一般の書籍を貸し出すレンタルショップも出現しているのですから、作家たちも、貸与権というものに無関心ではいられなくなりました。

書籍のレンタル店の出現は、公共図書館にも影響を及ぼす重大な問題だとわたしは考えています。

3　日本でも公共貸与権はすでに実現している

さて、貸与権に関する附則についての話が少し長くなりました。

この本のテーマは、図書館に関する問題ですから、附則が扱っている「レンタル権」としての貸与権は、関連事項にすぎません。

著作権の制限

公共図書館における貸与については、附則ではなく、本則の中の「著作権の制限」という部分に書かれています。これがいわゆる「権利制限」と呼ばれているもので、さまざまな理由によって、ここには著作権が及ばないと定められた領域です。

その中に、「営利を目的としない上演等」として、第三八条に、五つの項目が掲げられているのですが、その四番目に次のような文言が書かれています。

4　公表された著作物（映画の著作物を除く。）は、営利を目的とせず、かつ、その複製物の貸与を受ける者から料金を受けない場合には、その複製物（映画の著作物において複製されている著作物にあっては、当該映画の著作物の複製物を除く。）の貸与により公衆に提供することができる。

ここにも映画に関するカッコ内の説明が付随しているので、少し読みにくくなっていますが、前述のように、映画には頒布権というものがあって特別扱いされていますので、ここでは除外するということです。

で、カッコを除くと、次のようになります。

「公表された著作物は、営利を目的とせず、かつ、その複製物の貸与を受ける者から料金を受けない場合には、その複製物の貸与により公衆に提供することができる。」

これは具体的には、次のように読み替えればいいでしょう。

「図書館等においては、利用者から料金を取らない限り、書籍等を貸し出すことができる。」

つまり、公共図書館等では、貸与権を専有しているはずの著作者に対して、無許諾、無償で、本を貸し出していいのだ、ということですから、ここでは「貸与権」が剥奪されていることになります。

すでにお話ししましたように、「権利制限」というのは、「権利の剥奪」です。基本的人権に係わる私権が、ここでは剥奪されているのです。
なぜこのようなことが起こってしまったのでしょうか。

映画の貸出は特別扱い　これについては、あとで詳しく検討するとして、右に示した「第三八条の4項」でカッコ内の記述で「除外する」ことになっている「映画の著作物」の扱いは、どうなっているのでしょうか。これは「4項」の次の「5項」で示されています。

5　映画フィルムその他の視聴覚資料を公衆の利用に供することを目的とする視聴覚教育施設その他の施設（営利を目的として設置されているものを除く。）で政令で定めるものは、公表された映画の著作物を、その複製物の貸与を受ける者から料金を受けない場合には、その複製物の貸与により頒布することができる。この場合において、当該頒布を行う者は、当該映画の著作物又は当該映画の著作物において複製されている著作物につき第二六条に規定する権利を有する者（第二八条の規定により第二六条に規定する権利と同一の権利を有する者を含む。）に相当な額の補償金を支払わなければならない。

映画関係の法律はとにかく複雑なので、何度読み返してもよくわからない文章ですが、要するに、「相当額の補償金を払えば公共図書館等でビデオ等を貸し出してよい」ということを言っているのです。

この「相当額」というのはどの程度かというと、現行では、ビデオ等を購入する時に、定価の二倍から三倍くらいの料金を支払うということになっています。これを「ライブラリー価格」と呼んでいますが、要するに、最初に少し高い金額でビデオを購入すれば、あとはいくらでも貸出ができるということです。

二倍から三倍というと、ずいぶん幅があるようですが、原則として、記録映像などの教育的なビデオは二倍、娯楽的な作品は三倍ということになっています。ただし、ビデオの販売会社の販売方針によっては、もともと個人の購入を前提としていないため、定価が最初から高めに設定されているものもありますし、教育ビデオは、教育機関や図書館への販売を目的としているものが多いので、業者の方が定価でいいということになれば、二倍や三倍で購入する必要はありません。

つまり、個人が購入するものとして定価が設定されているものを、図書館がタダで貸し出す場合、ビデオ制作者に損害が生じるということで、そのための補償金として、ライブラリー価格というものが設定されているのです。

とにかく、ビデオ作品については、補償金制度が確立されています。図書館は利用者にタダでビデオを貸しているわけですから、これは明らかにレンディング（無償貸与）です。その無償貸与について補償金を払うということの制度は、「公共貸与権」の一種だと見ることができます。

この「第三八条5項」は、大変に重要なポイントです。まず、なぜ映画だけを特別扱いするのかという問題があります。それから、「ライブラリー価格」というものが、果たして適正な補償金システムだといえるのかという問題もあります。これらの点については、別の章で検討することにしましょう。

こうした問題よりも、もっと重要なことが、この項目には記されているのです。

そもそも著作権というのは、書籍だけに適用されるものではありません。楽譜、レコード、絵画、彫刻、建築デザイン、写真、映画、コンピュータ・プログラム、ゲームソフトなど、さまざまな創造物に著作権は適用されますし、物として固定されたものではなく、講演とか座談会の談話や、舞踊やパントマイムの振り付けなどにも著作権は適用されます。

ですから、そうしたさまざまな著作物の中の、ある特定のものだけが、特別扱いされるというのは、奇妙なことだというべきでしょう。しかし、特定のものではあっても、著作物の中の一つが、ある種の特権を得ているということは、著作物全体が同様の特権を得るための、突破口としての意味をもっていると見ることもできます。

図書館は営利目的で貸与をしているわけではありません。利用者が料金を払っているわけでもありません。まったく無償の貸与なのですが、それにもかかわらず、映画を含むビデオ作品に関してだけは、すでに補償金制度が実現しているのです。

とにかく、公共図書館におけるビデオの貸与権に関しては、すでに「公共貸与権」が日本においても実現しているということを、読者の皆さんにもご記憶いただきたいと思います。

ここで確認しておくべきことは、次の二点です。

日本の著作権法で規定されている「貸与権」は、「レンタル権」と同時に、「パブリック・レンディング」を含みます。だからこそ、「附則」で「レンタル権」の適用を猶予するだけでなく、図書館等の貸与については、「権利制限」の項目の中に加えて、権利を剥奪しているのです。

このように、権利を剥奪しているにもかかわらず、「映画の著作物」等については特別扱いをして、補償金制度を実施しています。

ビデオ等に限られてはいますが、著作権法によって公共貸与権による補償金制度が実現しているという事実は、特筆すべきことでしょう。

つまり補償金制度の確立のために、「公共貸与権法」とか「公共図書館法」といった、新たな法律を作る必要はなく、イギリスのように、実現まで三〇年かかるといったことはありえないのです。

書籍についての補償金制度は可能か

さて、それでは、書籍についての補償金制度の確立のためには、どのような障害が横たわっているのでしょうか。

ビデオ等で実現しているのだから、同じように「ライブラリー価格」を導入すればいいのではないか、というアイディアはすぐに出てくるのですが、話はそう簡単には進んでいかないでしょう。

ちょっと考えればわかることですが、ビデオ等で実施されている「ライブラリー価格」をそのまま書籍に適応することはできません。

例えば、いま突然、著作者への補償金制度として、図書館が書籍を購入する場合は、定価の二倍なり三倍なりで買ってください、というシステムを導入したとしましょう。図書館の図書購入のための予算が変わらないとすると、購入する本の冊数が、半分か三分の一になってしまいます。これでは、利用者の要求に応えることができませんし、図書館の蔵書そのものが貧しいものになってしまいます。

著作者の多くは、図書館を愛しています。図書館を支援したいと思っています。著作者の要求のために図書館の蔵書が半減するようなことになっては困ります。

それに、予算が半減したとしても、利用者の要求があれば、結局、図書館は推理小説など、ポピュラーな本を購入するでしょう。それでは、図書館はますます貧しいものになってしまいます。

作家の多くは、図書館にお金を求めているのではありません。むしろ、ベストセラーの複本が増えることで、純文学や学術書の購入が減り、図書館の蔵書の多様性や、文芸文化としての知的水準が失われることを嘆いているのです。ですから、「ライブラリー価格」というのは、作家が自分の首をしめるような結果になります。

それに、ビデオと書籍では、確かに、本質的に異なる部分があります。図書館というのは、何よりも本を揃えた施設です。場合によっては、ビデオなどはなくてもいいのです。お金を払うのはいやだという図書館は、ビデオを置かなければいいということもいえるでしょう。しかし、図書館に、本は欠かすことができません。ですから、書籍の購入価格が二倍や三倍になれば、図書館は大きな打撃を受けることになります。

もう一つ、問題があります。

映画の著作権は、映画会社に帰属しています。著作権の中でも、人格権と呼ばれるもの、つまり、勝手に内容を変更したり、スタッフの名前を削除することはできないといった権利は、監督や脚本家など、スタッフに与えられていますが、経済的な権利すなわち財産権は、映画会社が専有しているのです。

ここが、映画と本の、大きな違いです。角川映画は角川のものですが、角川文庫に収録された作品は、角川のものではありません。

映画に関する財産権が、映画会社にあるわけですから、「ライブラリー価格」で販売価格が上昇したぶんが、映画会社に入るというのは、当然のことです。

ところが、書籍の場合は、状況が違います。「ライブラリー価格」にした場合、二倍や三倍になった収入のうち、もともとの定価に上乗せされた部分は、本来はすべて著作者のものになるはずです。「貸与権は著作者が専有する」と著作権法に明示されているからです。しかし、出版契約書で、販売価格の一割を著作権使用料とする、ということになると、作家には二倍や三倍になった販売価格の一割しか入らないということになります。

また、補償金制度が実施される以前に、図書館に所蔵されている本は、補償金の対象外となります。名作と呼ばれる作品は、長く人に愛され、読み継がれていくもので、名作を書いた作者に何らかの補償金を支払うことが、文芸文化の保護につながるわけですが、「ライブラリー価格」というシステムには、そういう機能がありません。

さらに、推理小説の作家や出版社は、複本の制限を求めているのですが、「ライブラリー価格」というシステムでは、お金さえ払えばいくらでも複本を置けることになります。二倍や三倍程度の割増金では、複本による損害は補えないと、推理小説作家は考えるでしょうし、このシステムでは、貸与権のない出版社の損失を補填することはできません。

では、どのようなかたちで補償金システムを実現すればいいのでしょうか。

イギリスの補償金システム

一例として、イギリスにおけるPLR基金の実際を見てみましょう。

PLRというのは、パブリック・レンディング・ライト（Public Lending Right）の略称です。すでにご紹介したように、「公共貸与権法」によって、国家が基金を設立して、著作者に分配しています。

このPLRについては、ホームページで詳しく紹介されていますので、ホームページ検索のサイトで、「PLR」を入力して検索してみてください。たぶんイギリスのPLRのホームページが最初に出てくるはずです。英語のページなので、その最初の部分を翻訳してご紹介しましょう。

「PLRについて」

わたしたちの目的は、公共図書館から貸し出された本の作者に、年度ごとに基金を分配することです。この事業は、利用できる資産の効率的な使用を実現するための、高度な専門家集団によって遂行されます。

イギリスのPLR機構のもとで、作家たちは政府の基金から、イギリスの公共図書館で借りられた本に対する補償金を受け取ります。

補償金を受け取るためには、作家は自分の本をＰＬＲ機構に登録する必要があります。イギリスの図書館における貸出のサンプル調査の集計に応じて、年度ごとの支払いが実施されます。

ＰＬＲ機構や図書館における統計のデータについての詳細を知るためには、それぞれの項目をクリックしてください。

「背景について」

ＰＬＲは一九七九年の公共貸与権法によって設立されました。この法律は、イギリスの作家に対して、公共図書館における無料の貸出に対する補償金を受け取るための法的権利を与えるものです。この法律のもとで、基金は中央政府から支給されます。支払いは図書館における貸出状況のサンプル調査によって、資格のある作家に対して実施されます。支払いを受けるためには、作家はＰＬＲ事務局に登録しなければなりません。この事務局は資格のある作家と著作物とを適切に管理するために、政府によって直轄されています。この法律は、従来の著作権とは別に、知的所有権としての公共貸与権を認めるために創設されました。

これは「ＰＬＲ」のホームページの冒頭部分を訳したものです。このあともＰＬＲ機構についての説明が続くのですが、長くなりますのでこのあたりで止めておきましょう。

少し先に、「ＰＬＲの活動」について述べた部分があります。そこのところだけをまた翻訳しておきます。

「ＰＬＲの活動」

一九七九年の法律制定に到るまでの三〇年間、イギリスの作家たちは、公共図書館における無料の貸出から支払いを受けるための、自分たちの権利の認定のために活動を続けてきました。ＰＬＲ設立の根拠は何かといえば、作家たちの失われた売り上げを補償するということです。図書館はただ一冊の本を購入して、その本を百人の借り手に貸し出しますが、もしかしたらその百人が、百冊の本を買っていたかもしれないのです。あるいは、次のように言うべきかもしれません。図書館の無料の貸出によって、何百万人もの利用者が、本を楽しみ、また本から新たな知識を得ているのですから、その本を書いた作者の努力に対する当然の報酬として、ＰＬＲ（公共貸与権）というものは充分な正当性をもつと、作家たちは考えているのです。

このように、イギリスでは新たな法律が制定され、国家基金による補償金制度が実現しました。二〇〇二年度における基金の額は七〇〇〇万ポンドです。日本円に換算すると、一二億円を少し超えるくらいの金額になるでしょうか。ちなみに、全国の図書館の年間の貸出回数と、補償金の総額からすると、本の貸出一回あたり、三ペンス（約五円）程度になるといわれています。

イギリスの補償金制度の特徴は、公共貸与権法という特別の法律を創設したことと、もう一つ、一人あたりの補償金に上限を定めていることです。日本円にして一〇〇万円ほどで、補償金の支給は打ち止めになります。ベストセラー作家で、貸出回数がいくら多くても、一〇〇万円しか貰えないということになります。

これは、公共貸与権というものが、ベストセラー作家の損失補填という意味合いではなく、むしろ文芸文化の保護をめざしたものだからでしょう。

公共図書館の無料の貸出によって、本の売り上げが伸びず、作家が飢え死にしてしまったり、書くのをやめて別の仕事に就くようなことになれば、文芸文化が滅びてしまいます。

したがって、貧しいけれどもがんばって書いているとか、文学の理念をもって書きつづけてきたけれども貧乏で生きるか死ぬかの瀬戸際に追い詰められているとか、あるいは、何とか生活はできているけれどももう少し暮らしにゆとりがあればもっといいものが書けそうだ、といった地味で堅実な作家に対して、手厚く補償金を支給するという目的のために、お金にゆとりのあるベストセラー作家には、遠慮していただく、というわけです。

ベストセラー作家は守銭奴ではありませんし、イギリスの文芸文化が衰退するようなことになれば、自分だけ金持ちになっても仕方がないという、文学に対する愛と、文化に対する見識を、ベストセラー作家たちももっているはずです。

こういうシステムの実現までには、議論が重ねられたことと思いますが、ベストセラー作家への損失補填という面をある程度、犠牲にすることによって、限られた予算を有効に使って文芸文化を保護する試みとして、この補償金のシステムが構築されたのです。

北欧諸国の補償金制度

しかし、イギリスのように、貸出冊数に応じて補償金を分配している国は、むしろ少数派です。北欧諸国（スウェーデンを除く）やオランダ、カナダ、オーストラリア、ニュージーランドなどでは、図書館の蔵書数によって、補償金が分配されています。貸出のリクエストが一回もなくても、在庫として本が収蔵されていれば、補償金の対象となるのです。

これは一見、不合理なシステムのようですが、貸出のリクエストのない本を廃棄せずに保有し続けるというのは、図書館の見識といっていいでしょう。この本は文化的に意義のある本であり、今年リクエストがなくても、将来、利用者からのニーズがあった時に、保有していないということがあってはならないという、図書館なりの価値観があって、廃棄する本と保有する本が区分けされているのですから、多くの図書館に収蔵されている本は、多くの図書館職員（司書としての教育を受けた本に関する知識の豊富な人々です）に支持され、評価された本だということとになります。

長く保存されている本は、文化的に価値の高い本です。ベストセラー本の中には、数年で評価が下がり、廃棄されるものも少なくないでしょう。つまり、蔵書数を指標とするというシステムは、純文学や学術書に有利に働きます。この場合も、ベストセラー作家には、ある程度の我慢を強いることになるでしょう。

北欧諸国はそれぞれに国語をもっています。このうちフィンランド語はフィン族系の言語なので少し違うのですが、ノルウェー、スウェーデン、デンマークは、スカンジナビア語と呼ばれるゲルマン系の言語です。語学教育が発達しているので、英語などの外国語を読める人が多いので、英語の本がよく売れます。だからこそ、自国語の文学や学術書を国が保護しなければならないという意欲が強いのでしょう。

多くの国が、公共図書館の年間資料購入費の五％に相当する金額を、公共貸与権のための国家基金にあてています。日本の公共図書館の年間資料購入費は、現在のところ、三〇〇億円程度ですから、その五％といえば、一五億円に相当する金額です。

このように、イギリスや北欧の公共貸与権は、ベストセラー本に対する損失補填ということではなく、自国の文芸文化を保護するという構想のもとに設置されたものですから、複本対策といった意味合いのものではありません。

前述の、イギリスのPLRのホームページには、「図書館はただ一冊の本を購入して、その本を百人の借り手に貸出」というくだりがありました。これを見ると、百人からのリクエストがあっても、本は一冊しか保有しない、というようにも読みとれます。少なくともイギリスの図書館には、「複本」という発想はないようです。

複本についての対策を

日本のように、複本が多量にあるところでは、蔵書数を指標にすると、ベストセラー作家にも、ある程度、補償金が支給されることになりますが、いまある複本も、人気がなくなれば廃棄されて、一冊だけの保有になるでしょうから、長い目で見れば、純文学や学術書が有利になるのは間違いありませんし、何回貸し出されても、貸出回数をカウントしないというのでは、人気作家に不満が残るかもしれません。

しかしわたしは、日本の人気作家の方々も、日本の文芸文化を守るという見識はお持ちだと思いますし、実際に何人かの推理小説作家の方々と議論をした席でも、公共貸与権の必要性は認めるという発言をいただきました。また、自分たちは金銭を要求しているわけではない、と言ってくださる方も多いのです。もちろんここには、日本特有の厳しい累進課税のために、補償金をもらっても大半が税金で消えてしまうという実情もあるのでしょうが。

いずれにしても、公共貸与権による補償金制度は、文芸文化の保護という目的が優先されたシステムですから、日本のように、複本がたくさんあって、人気作家や出版社が損失を訴えている国においては、補償金制度の実現と併行して、何らかのかたちで、複本の対策を立てる必要があるとわたしは考えます。

では、複本から生じる損失に対しては、どのような対策があるのでしょうか。この点については、章を改めて検討することにしましょう。

この章の最後に、次の二点を指摘しておきたいと思います。

一つは、ヨーロッパのほとんどの国が、国家基金による補償金制度をすでに実現しているということです。

例外はあります。ドイツでは、補償金の全額を公共図書館の設置者が拠出しています。州立図書館なら州が、市立図書館なら市が払うということで、地方自治体が基金を支えているといっていいでしょう。オランダでは、政府が三分の一、残りを自治体が払うというシステムになっています。公共図書館は自治体が設置運営しているわけですから、図書館が補償金を負担していると言い換えることもできます。

なお、最近制度が確立された東欧諸国の中にも、図書館に支払いを求めているところがあることは事実ですが、全体からいうと、国家基金によるものが多いということはいえるでしょう。

もう一つ、わたしが指摘したいのは、法律の改正についてです。

日本にはすでに「貸与権」というものがあり、映画については、すでに補償金制度が確立しているということは、すでにお話ししました。そこには、「公共貸与権」という言葉は書いてありませんが、無料で貸出をしている公共図書館から補償金をとっているのですから、実質的には「公共貸与権」という概念が確立されていると見ていいのです。

わざわざ「公共貸与権」と書いてないのは、日本語の「貸与権」という言葉には、「レンタル権」だけでなく、無料の貸出に対する権利、すなわち「公共貸与権」がもともと含まれているからです。

ですから、イギリスや北欧のように、新たな法律を作る必要はありません。いまのままの著作権法をいじるだけで、書籍に関する公共貸与権は実現できるのです。

ただし、現在の映画（ビデオ）についての「ライブラリー価格」では困る、ということも、すでにお話ししました。とはいえ、現行の著作権法に、「ライブラリー価格」という文言が書かれているわけではないのです。補償金をどのように支払うか、どんな補償金システムを確立するかというのは、法律に書き込むべきものではなくて、利用者である図書館と、権利者である著作者が、話し合って決めればいいのです。

図書館関係者と著作者が充分に話し合って、システム確立のための準備を進めた上で法律を改正すれば、見かけの上では、ビデオとまったく同じように、「相当な額の補償金を支払わなければならない。」という文言で充分なのです。

つまり、現在あるような、映画だけを特別扱いする境界を取り去ってしまえば、それだけで法律的な問題は解決してしまうのです。

4 良質の図書館が数多くあれば問題は解決する

この章では少し視点を変えて、いささか個人的なことを述べさせていただきます。この本は、ただの論文ではなく、もう少し広い視野から、図書館というものについて、読者の皆さんといっしょに考えていくための、問題提起を試みたいと思っています。理屈ばかりでは、読者の皆さんも肩がこると思いますので、ここでは、エッセーふうに、わたしの個人的な感想を語ることにします。

わたしは文藝家協会の知的所有権委員長という責務がありますので、著作者全体の権利と、日本の文芸文化の発展といった視点で、毎日、多くの関係者と折衝を重ねています。しかし、時には、一人の文筆家に還って、自分の仕事のことを考えたり、一人の人間として、人生のことや、生活のことを考えます。

図書館というものについて考える場合、一人の人間として、という視点は欠かせないと思います。

図書館の利用者は誰か

図書館が何のためにあるかといえば、多くの利用者のためにあるわけですし、同時に、利用者という特定の人々がいるわけではなく、日本国民のすべてが、図書館の利用者だといっていいでしょう。

大学の先生なら、大学の図書館が利用できるわけですが、民間の研究者の場合は、公共図書館に頼らざるを得ません。そんなふうに、研究という目的があって図書館を利用する人も多いでしょうが、とにかく本が好きだということで、図書館に通っている人も多いはずです。

また、現在、図書館を利用していない人でも、自宅の近くに分館ができれば利用するということもあるでしょう。いままでは図書館を利用せずに本を買っていた人が、経済状況が悪化したために、タダの図書館を利用するということもあるはずです。つまり、いま図書館を利用している人だけが利用者ではないのです。

そんなふうに考えてみると、「公共図書館の利用者」というのは、実に多様で、特定の利用者像をイメージすることは難しいと思います。

ただ、現実の図書館の状況が、ある特定の利用者像というものを作り出しているということは、あると思います。

図書館の利用時間が、平日の昼間だけに限られていたのでは、ふつうの勤労者は利用できません。図書館の数が限られていたのでは、図書館を利用できる範囲の居住者しか、図書館を利用することができません。しかし、勤労者の場合は、勤め先の近くに図書館があれば、利用できないことはないでしょう。図書館の多くは、居住者だけでなく、たまたまその図書館を訪れた利用者に対しても、門戸を開いているはずです。

このように、図書館の利用者は多様ですから、図書館の利用者像というものを限定するのではなく、誰にでも開かれた図書館というものを考えていく必要があります。図書館の現状といったものに、あまりこだわらずに、これからの図書館を考えていくという視点が必要でしょう。

なぜ図書館を利用するのか

ところで、人はなぜ、図書館を利用するのでしょうか。ここまでにも語ってきたことですが、改めて整理しておきましょう。

図書館の機能は、二つあります。

第一は、タダで本が読めるということです。

第二は、多種多様の本が揃っているということです。

人によっては、タダで本が読めるということだけで充分だという人もいるでしょう。ベストセラー本などを図書館に求める人は、専門書、学術書、芸術書などは求めません。皆が読むポピュラーな本が、すぐに、タダで読めるということが、何よりだと考えている人たちがいます。

一方で、ベストセラー本などは、本屋で買えるのだから、図書館には別の機能があるべきだと考える人たちがいます。

ポピュラーな本というのは、最初から、大量に売れることが前提とされていますから、比較的に安価です。一方、専門書の類は、初版の発行部数が限られていますから、値段が何千円もします。こういう本は、ふつうの読者には手が出ません。

こういう高価な本は、ブランド商品のように、差別化をはかるためにわざと高い値段をつけているわけではありません。読者の数が限られているので、少部数しか印刷することができず、印刷の経費を部数で割ると、自ずと高い値段をつけるしかないのです。

そんな高い本を誰が買うのか。大学の先生は、年間の研究費を大学から支給されていますから、自分の研究に必要な本であれば、買わざるをえないでしょう。

あとは図書館です。

無意味な本に高い値段をつけても、誰も買いません。それなりに価値があるから発行し、数は少ないけれども、その価値を認めるからこそ購入するという読者に支えられているのです。値段は高いけれども、文化的、学術的に価値の高い本を図書館が購入し、蔵書として保存する。これは、数は少ないけれども図書館がなければその種の本を読むことができない利用者に応えるという意味でも、また日本の文芸文化を支えるという意味でも、図書館の重大な責務といえるでしょう。

多くの利用者がその本を読むわけではありません。その本を利用する人は、数年に一人かもしれない。でも、必要な本を揃えているのが図書館の務めだと信ずる館長や職員によって、充実した蔵書をもっている図書館があるということは、その地域の文化を根底から支えることになるでしょう。

学術書や純文学を求めるのは、研究者だけではありません。最近は教育の現場において、学習指導のシステムが改革され、生徒が自発的に資料を調べて学習する「調べ学習」というものが重視されています。小中学校にも図書室はありますが、蔵書はきわめて貧弱です。近くに公共図書館があれば、学習に役立つでしょう。

この「調べ学習」というのは、大学や大学院でやっている研究のママゴトのようなものですが、自主性を育てたり、ものごとの深さというものを体験するためには、欠かせない学習です。教科書に書いてあることをただ暗記するだけでは、本物の学力にはならないし、何よりも学ぶ意欲というものが育たないという反省のもとに、「調べ学習」というものが重視されるようになったのです。

しかし、生徒というものは、研究に関しては初心者です。こういうことを調べようというアイデアはあっても、そのテーマを深めるためにどういう資料を調べればいいかが、すぐにはわかりません。こういう時に活躍してほしいのが、図書館司書です。

調べ学習をしている生徒に、こういう本を調べたら、というアドバイスと同時に、その本を書棚から取り出す（こういう仕事を「レファレンス」といいます）。そのためには、多種多様の本が、図書館の本棚に備わっていなければなりません。

コンピュータで中央図書館のデータベースを調べて、取り寄せるということでは、すぐに調べるわけにはいきません。すぐ手に取れるように、小さな分館にも、なるべく多種多様の本を揃えるというのが、図書館の理想ではないでしょうか。

レファレンス業務

欧米の図書館は、レファレンスが中心です。それは図書館というものの機能の基本に、啓蒙という理念を置いているからでしょうし、さらに図書館というものの起源が、修道院や大学など、修行や研究のためのものでしたから、宗教書や学術書などを網羅的に揃えたものであったという事情もあるでしょう。

日本の図書館も、最初は発展途上国的な発想で、国民の文化の向上のための啓蒙という理念をもっていたはずなのですが、戦後の公共図書館は、大衆への貸出サービスということに重点が置かれるようになったため、レファレンス業務がおろそかになる傾向が出てきました。

日本の公共図書館の最大の問題点は、図書館司書という制度があるにもかかわらず、司書の資格をもった職員が少ないことです。司書がいなければ、レファレンス業務は不可能です。

資格をもっている職員も、子供の頃から本が好きで、大学で図書館学を学んだという人ではなく、地方自治体の他の部門から人事異動で図書館に配置された人が多いのです。それも児童館とか、公民館とか、図書館と関連のありそうなところから配置されたのならともかく、土木課とか水道局から回されてきて、図書館に勤務するまでは本など読んだこともないという人も少なくないのです。

そんな人でも、大学の夏期講習に派遣され、促成栽培で司書の資格だけはもっているのです。こういう職員は、たとえ資格をもっていても、ちゃんとしたレファレンス業務ができるとは思えません。

しかし、レファレンス業務ができないということが、問題になることもありません。日本の公共図書館は、貸出サービスさえやっていればいいという基本方針なので、図書館の館長や職員から、これではいけないという反省の声も、あまり聞かれません。

もちろん、職員の中には、本が好きで図書館司書の資格をとり、図書館勤務を志望して図書館の仕事をされている方もいます。そういう方々は、図書館の現状について批判的なご意見をお持ちなのですが、そういう声が、図書館そのものを変革するところまでは到っていないというのが現状です。

また、そういう見識のある職員は、図書館にとっては貴重な人材であるはずなのですが、そういう人が人事異動で、図書館以外の施設に回されることもあります。図書館の職員は、図書館に雇用されているわけではなく、地方自治体の一員にすぎないので、辞令が出れば自治体の他の部署で働くしかないのです。図書館の館長の多くは、自治体の中で出世をしてきた人で、図書館について専門的な知識をもっているわけではありません。

見識をもった館長や職員が少ないとどういうことになるか。当たり前のことですが、どういう本を揃えたらいいか、自分で判断できないということになります。

先に述べたように、図書館の機能には、ベストセラー本などの人気の本をタダで読めるということと、手に入りにくい多種多様な本が揃っているという、二つの機能があります。このうち、人気のある本というのは、利用者のリクエストや利用状況を見ればすぐにわかりますが、多種多様な本を揃えるということは、見識のある職員でないと不可能です。

館長・職員の見識こそ

県立中央図書館といったところなら、多様な本を揃えることができますが、市立図書館などでは、資料購入の予算も限られています。その予算の中でどんな本を購入するのか。そこに館長や職員の見識が試されているわけですが、図書館の中には、そういう見識は最初からないと諦めて、利用者の要望に応えるということだけで対応しているところが多いのではないかと思います。

これはわたしの推論にすぎません。どうしてこういう推論をするかというと、地方の図書館の中には、複本をまったく置かないことにしている図書館がある一方、図書館の規模の割に複本が著しく多いというところもあります。館長や職員の見識のあるなしによって、こういう差が出てくるのではないかと思わざるをえないのです。

図書館の利用者は多様なはずですが、人数からいえば、ベストセラーやエンターテインメントを求める利用者が圧倒的に多いでしょう。ですから、利用者の要望だけで本を揃えると、複本が増え、逆に純文学や学術書を求める少数の利用者の期待には応えることができなくなります。

結局のところ、館長や職員に、図書館そのものについての知識や見識があるかということで、図書館の質が決まってしまうのです。

図書館の館長や職員が、図書館についての知識をもっているという、当たり前のことが、現実の図書館では実現できていないというところに、日本の図書館の根本的な問題があるのではないかとわたしは考えています。

もちろん、図書館とは何か、という基本的な問いに、明確な答えがあるわけではありません。ベストセラー本をずらりと並べるのが地方の図書館や分館の役割であり、学術書のようなものは、県立中央図書館など、大きな図書館に任せるべきである、という考え方があっても、それを否定することはできません。

多種多様の本を揃えてほしいとか、レファレンス業務を充実させてほしいというのは、一部の本好きの人の要望にすぎないという考え方も成立します。作家というものは、おおむね本好きです。本が好きだから作家になったという人が多いのです。しかし、本好きの人々の要求は、一部の人々の特権的な要請であると、図書館側に言われてしまえば、そこで議論はストップしてしまいます。

現在の図書館の現状では、わたしの問題提起は、何の役にも立たないかもしれませんが、そのことを承知で、あえて良識をもった図書館の担当者に、現在の文芸文化の窮状を訴えたいと思います。

日本の文芸文化は、これまでは国家の保護を受けることもなく、長い伝統を築いてきました。出版社は文芸書を出し続け、作家は作品を書き続けてきました。それは、ある程度、本が売れるというかたちで、収入が得られていたからです。

しかし昨今の不況の影響もあるでしょうし、文芸文化そのものの衰退という現実があるのかもしれませんが、文芸誌や純文学の単行本が売れなくなっています。

あらゆるものが売れなくなっている時代ですから、純文学の衰退だけを特別扱いするわけにはいかないのかもしれませんし、経営が悪化した企業は、売れない仕事は整理し、売れるものだけを生産して、経営の健全化を目指すべきだというのが、正論かもしれません。しかし、純文学は文化です。劣悪なものが売れなくなり、衰退するのは仕方がないことですが、伝統的な文学の価値観によって、高く評価されているものが、売れないという理由だけで衰退してしまうのは、文化政策の貧困であり、政治の貧困だと言わざるをえないでしょう。

その意味で、公共図書館には、ただ利用者の要望に応じるというだけではなく、自国の文芸文化を支えるという、重大な使命があるはずだとわたしは考えます。

わたしの理想の図書館

これからわたしがお話しするのは、絵に描いたモチみたいな、ただの理想かもしれませんが、わたしが期待する理想的な図書館のあり方をお話ししましょう。

レファレンス業務の充実を計って、利用者のより深い要望に応えることを図書館の使命と考え、さらには図書館の活動によって日本の文芸文化を支えようという見識をもった館長や職員のいる「立派な図書館」が、全国に二〇〇〇館あるとしましょう。その二〇〇〇館が、日本文化を代表するような本を、必ず購入するということが実現すれば、日本の文芸文化は、世界に誇れるような業績を、これからも残していくことができるでしょう。

わずか二〇〇〇館です。すでに日本の公共図書館の数は、二〇〇〇館を超えています。その図書館が、推理小説の複本などを置かずに、責任をもって良書を購入するということであれば、図書館だけで二〇〇〇冊売れるわけですから、あとは一般の読者が一〇〇〇冊購入するだけで、三〇〇〇冊の本が売れることになります。

これなら出版社は純文学を出しつづけていくことができますし、作家も、細々とではあっても、生きながらえることができます。

ここで突然ですが、アメリカ合衆国の話をしましょう。これまではヨーロッパに話を限定して、補償金制度の充実ぶりをお話ししてきましたが、実は、わざとアメリカの話は避けてきました。アメリカは、ヨーロッパ諸国に比べて、著作権という概念が希薄な国で、著作権に関する法律も、緩やかなものです。

アメリカの法律では、著作権は文字どおりコピーライト、すなわち複製権に限定されています。貸与権などは設定されていないのです。ヨーロッパに見られるような国家基金による補償金制度もありません。それでも、アメリカの作家からは、不満の声は起こっていません。そこには、図書館の充実があります。州ごとの文化政策もあるでしょうし、地元企業の寄付も充実しているのでしょうが、アメリカには、学術書や純文学を必ず揃えるという見識をもった公共図書館や大学図書館が、一万館以上もあるため、文芸文化はしっかりと支えられているのです。

一万というのは、夢のまた夢です。しかし、良識のある図書館がせめて二〇〇〇館あれば、日本の文芸文化は救われるのです。

確かに、コンピュータの検索システムが完備しているので、地方の分館から、県立中央図書館の本を取り寄せることができます。地元の大学図書館と提携している公共図書館もあります。

それで利用者には不便をかけていないと胸を張る図書館館長や職員がいるとしたら、それは日本の文芸文化を守るという使命を忘れた、ただの貸本屋の発想というべきでしょう。

ところで、読者の中には、日本の文芸文化はそれほどまでに危機にさらされているのかと、不審に思われる方もおられるのではないかと思います。

作家の収入・出版社の実情

多くの読者には、長者番付に名前の出る流行作家のイメージがあって、作家といえば、一般のサラリーマンよりも豊かな生活をしていると思っておられるのではないかと思います。確かに、流行作家はそれなりに収入を得ていますが、そうでない作家もいます。読者の誤解を解くために、作家の収入や、出版社の実情について、少し説明することにしましょう。

まずは皆さんがよくご存じの、流行作家の話をしましょう。流行作家は、何本も連載をかかえています。発表の媒体としては、月刊の中間小説誌がまずは中心といっていいでしょう。『オール読物』『小説現代』『小説新潮』『小説すばる』といった月刊誌です。ここには流行作家から新人まで、さまざまな書き手が作品を並べています。

中間小説という言い方は、最近はあまり用いられなくなりましたが、要するに、推理小説とか時代小説など、ジャンル別に特化した大衆小説と、純文学との中間に位置する小説です。大衆小説が、ストーリーの面白さだけで勝負するのに対し、中間小説には、人間を描くとか、社会を描くなど、文学的な側面も要求されます。直木三十五賞、山本周五郎賞、吉川英治賞などの文学賞は、大衆小説の賞ということになっていますが、トリックの面白さだけで勝負する推理小説や、仕掛けで勝負するＳＦ小説などは、受賞の対象になりにくいようです。つまりこれらの賞は、中間小説の賞なのです。

中間小説の月刊誌は、短篇特集をしたり、中編の力作を並べたりします。月刊誌を購入する人は、毎月必ず読むというのではなく、面白そうな作品がある時だけ買うという人もいるので、一回完結の読み切りの作品をある程度、並べておく必要があります。しかし一方で、連載小説も何本か用意し、定期的に購入してもらうということも、編集者は考えます。そのためには、連載小説は多くの読者に支持された、流行作家でなければなりません。

こういう月刊誌の狙いは、およそ三つあります。第一は、当然のことながら、雑誌の売り上げを増やして利益を挙げるということです。売り上げを増やすために、人気作家を揃えたり、対談や座談会を企画したり、短篇特集に工夫をこらしたりします。しかし、小説を読むのは好きだが、単行本で好きな作家や話題作だけ読むという人も多いので、こういう中間小説誌の売れ行きは、あまり伸びていないというのが現状です。

第二は、新人の育成にあります。よその出版社で売り出して人気の出た新人を、あとから追いかけてヒット作を出す、ということも、よくあることではあるのですが、出版界全体がそんなことをやっていたのでは、新人が育ちません。ミステリー関係の賞では、新人がいきなり人気作家になるという例もありますが、ふつうは無名の新人は読者に知られていないわけですから、新人を起用するのは、売り上げよりも、長い目で見て新人を育てようという、編集者の意気込みがあるからです。

第三は、言葉はわるいですが、人気作家にプレミアとして原稿料を払って、ツバをつけるということです。

人気作家の場合は、本を出せば何万部も売れることは確実です。それだけに、多くの出版社が、本を出してくれるようにと依頼をします。書き下ろしを依頼していたのでは、なかなか順番が回ってきません。日本の場合は、著作権使用料のパーセントはほぼ一律ですから、作家としては、どの出版社から出しても同じことです。注文が殺到すれば、付き合いのある編集者から優先的に書いていきます。新規の場合、書き下ろしの約束をとりつけることは難しいのですが、たとえ口約束をもらっても、書いてもらえるとは限りません。書き下ろしの締切というのは、あってないようなものです。雑誌の締切と違って、一年、二年と締切をすっぽかしたところで、誰にも迷惑をかけないという思いが作家の方にあるからです。

これがアメリカなら、エージェントを介して契約を結びます。そこにはちゃんと締切が書かれていて、締切に遅れた場合のペナルティーも書き込まれます。そのかわり著作権使用料のパーセントは、人気作家の場合は果てもなく上昇していきますし、最低保証部数といったものが設定されることもあります。逆に言えば、条件をアップさせることで、新規の依頼をとりつけることが可能になります。

日本の作家は謙虚というか、無欲というか、あるいはお金にこだわるのは文学者ではないと決め込んでいるのか、総じて金銭に対しては無頓着です。おそらく累進税率が高すぎるので、あまり儲けても税金が増えるだけだという考えがあるのでしょう。ですから、流行作家も無名の新人も、単行本を出す場合は、ほぼ同じ条件です。一〇％という条件は同じでも、何十万部も出る作家もいれば、初版数千部でそれっきりの作家もいます。部数に応じて収入は違ってくるので、パーセントは同じでいいという考え方もあるのでしょう。

こういう謙虚な作家に対して、編集者の方は一種のサービスとして、連載小説の執筆を依頼します。月刊誌に連載した作品は、いずれ単行本化されます。連載を欠かさず読んでいた読者も、ファンならば単行本を購入して、自分の本棚に並べたいと思うでしょう。連載したからといって、単行本の売れ行きが大幅に減るということはありません。そこで作家にとっては、連載の時の原稿料は、ボーナスを先払いしてもらったような感じになります。

つまり連載というのは、人気作家に自社から単行本を出してもらうための、手付金といった意味合いをもっているのです。雑誌に連載すると、締切に追われることになりますが、作家によっては、うるさく催促された方が仕事がはかどるという人もいますし、連載を何本もかかえることは作家のステータスにもなります。

そういうわけで、テレビ番組に人気タレントや司会者がかけもちで出演するように、雑誌の場合も、一握りの人気作家が何本も連載するということになってしまうのです。

純文学の雑誌

これは、ベストセラー作家の場合です。これとは反対に、売れないけれども文学的には評価の高い純文学と呼ばれる作品を書く作家がいます。雑誌でいえば、『文学界』『群像』『新潮』『すばる』といったところが、純文学の月刊誌です。これらの雑誌は、どれも大きな赤字をかかえています。赤字を承知で、日本の文芸文化を支えるために、出版社は純文学の雑誌を出しつづけているのです。

純文学の作家は、相当に有名な人でも、単行本の発行部数は、数千部にすぎません。三〇〇〇部くらいの人も多いと思われます。そのあたりが、採算のとれるギリギリのところといっていいでしょう。

純文学の作家の場合は、執筆に時間がかかります。純文学というのは、ストーリーで引っぱっていくものではありません。人生について深く考察するとか、独特の重い文体を作るとか、何かしら文学的な価値があるから、純文学の作家として評価されることになります。要するに、純文学を書くには、大変な労力と時間がかかるのです。

一冊の本を書くのに、どれくらいの時間がかかるかは、作品の内容にもよりますし、作家の資質によっても違うでしょうが、時としては、一冊の本を書くのに何年もの年月を費やすこともあります。

エンターテインメントの世界でも、数年かけて一冊の本を書いている作家はいます。人気作家の場合は、何年でも新作を待ちつづけている熱心なファンがいますから、本が数十万部売れることになります。それなら、作家は悠々と生活することができます。

一方、売れない純文学の作家の場合は、書くのがあまりに遅いと、それだけでは生活できません。別に職業をもって、余暇に文学を書く作家もいますし、大学の先生をしている人もいます。カルチャーセンターの講師で、かろうじて生活を支えている作家もいます。いずれにしても、書くのが遅い純文学の作家の場合は、どんなにがんばっても年に一冊ぐらいしか本が出ませんし、その本が売れるわけではないので、単行本の収入だけでは、生活を維持することができません。

そういうわけで、純文学作家の多くは、赤貧というわけではありませんが、かなり質素な生活をしています。そういう作家の実情を知り抜いている編集者は、作家を励ますために、文芸誌への連載を依頼します。連載で締切があれば、作家を精神的に支えることになりますし、何よりも月々の原稿料で、作家の生活を支えることができます。

一年かけた仕事が、書き下ろしの単行本の場合は、その一年間、収入がないことになります。

著作権使用料は、本が出た後で支払われるからです。雑誌の連載なら、そのつど、原稿料が支払われます。その上、本が出た時は、著作権使用料が別に支払われますから、収入が倍になるというわけです。

純文学の文芸誌の原稿料は、微々たるものです。しかし純文学の作家は貧乏ですから、そのわずかな原稿料でも、毎月一定の収入があるということは、大変にありがたいことなのです。

作家の方としては、大変にありがたいことなのですが、文芸誌の方は、大変な負担ということになります。流行作家の連載なら、原稿料として投資したぶんは、単行本がベストセラーになることで返ってきます。しかし純文学作家の作品は、単行本として発刊しても、ベストセラーになることはないでしょう。つまり、原稿料を払ったぶんだけ、損をすることになります。最近は中間小説誌の売り上げも不振だということですが、それでも赤字というわけではないと思います。これが純文学誌となると、月刊誌は必ず赤字です。しかもかなり大きな赤字が出ているようです。その赤字も覚悟の上で、売れない純文学作家に原稿料を払う。これはまさに慈善事業のような試みです。

言ってみれば、天然記念物の鳥や獣を保護したり、餌を与えたりして、絶滅を防ぐのと同じように、純文学の作家に原稿料を与えて、文学の絶滅を防いでいるということになります。

企業というものは、本来は営利を求めるはずです。それなのに、なぜ文芸誌を出す出版社は、赤字を覚悟で文芸誌を出しつづけるのでしょうか。

それは企業の社会的使命というべきでしょう。企業というものは、お金儲けだけを目指しているわけではありません。とくに歴史のある企業は、使命感をもって仕事をしています。その歴史が、企業のステータスになるからですし、そういう信用とネームバリューがあるからこそ、その企業は一流の仕事をなしとげることができるのです。

文芸ものの出版社

文藝春秋、新潮社、講談社は、文芸御三家と呼ばれています。いずれも歴史のある出版社ですし、『文学界』『新潮』『群像』という純文学の文芸誌を発刊し、「芥川賞」「三島賞」「野間新人賞」という純文学作家の登竜門となる文学賞を主催しています。

これに新興の集英社（文芸誌『すばる』を出しています）を加えた四社が、日本の純文学の支えになっていることは事実ですが、さらに、季刊で『文藝』を出しつづけている河出書房新社や、小学館、角川書店、光文社、中央公論新社、筑摩書房など、多くの出版社が日本文学のために、赤字を覚悟で出版を続けています。

ここで注意していただきたいのは、純文学の本を出している出版社は、同時に大衆小説や推理小説を出しているということです。赤字の純文学を出しながら、ベストセラーの本でかろうじて穴埋めをしているのが現状だといっていいでしょう。逆の言い方をすれば、時々ベストセラーの本が出ているから、その利益を純文学の出版に回して、日本の文学を支えていくことができるわけです。

図書館がベストセラーの複本を大量に用意して、出版社の利益を損なうことになれば、結果として、純文学の出版にも影響が出てくることになります。

出版というのは、一種のギャンブルです。よほどの流行作家でなければ、出した本が必ず売れるというわけではありません。ベストセラー作家でも、初版や増刷の見通しを誤って、売れ残りを出してしまうと、利益が出なくなることもあります。まして、作者が無名であったり、地味な純文学の作家であったりすれば、初版が売れ残って、大幅な赤字になることもあります。

出版というのは、印刷という形で、大量のコピー（複製）を作る作業です。本の制作には、担当編集者の作業の他に、校正にあたる人や、装丁のデザイナーなどが関わりますし、印刷所で製版するコストもかかります。ここまでは、何十万部も売れる本でも、数千部の本でも、コストはほぼ同じです。

では、何十万部の本と、数千部の本で違うところは何かといえば、印刷、製本、配送などのコストで、紙代やインク代もここに含まれますが、大量生産すれば、こうしたコストはどんどん下がっていきます。車やテレビを大量生産する場合と大きく異なるのは、工業製品の場合には、原材料の占める割合がかなりあるのに対して、本における紙とインクの費用は、ごくわずかでしかないということです。

簡単に言うと、本というものは、本の中に書かれた「情報」という、形のないものを売っているので、物としての本にかかるコストは限られているということです。大量生産によるスケールメリットがこれほど大きな業種もないでしょう。ですから、本が何十万部も売れると、出版社は大儲けができますし、作者も大いに潤います。

ただし、一万部以下の本に限っていえば、出版社の長年の工夫と読者の支えによって、部数によってそれほど大きな差が出ないようなシステムが確立されています。というのは、本の定価設定が、初版部数によって差がつけられているからです。例えば初版一万部の本の定価が一〇〇〇円だとすると、半分の五〇〇〇部の本の定価を二〇〇〇円にすれば、売り上げは同じだということになります。

定価の一割が作家の収入になりますから、どちらの場合も、初版だけの収入は、一〇〇万円ということになります。定価が倍になるわけですから、装丁もそれなりに立派にする必要はあるのですが、表紙の紙をいくらか上質にしたからといって、コストが倍になるというわけではありませんから、製造原価に大きな影響は出ません。

結局、製造原価にそれほどの差のない二〇〇〇円の本を、お金を出して買ってくださる読者のご支援によって、初版五千部の本が完売すれば、出版社も作家も、何とか元がとれるということになるのです。

では、初版三〇〇〇部の本はどうするか。こちらは、三〇〇〇円とか、三五〇〇円の定価をつけるしかありません。そのために、箱入りの豪華な装丁にして、いかにも立派な本だというイメージで、読者に訴えかけることになります。この三〇〇〇円の本を買ってくださる読者は、よほどの文学好きの方だというしかありませんが、一般の読者には手の出ない金額だということは事実でしょう。

図書館の使命

そこで期待されるのが、図書館の存在です。

できれば、こういう高価な、しかし文学的には価値の高い本を、図書館で購入していただければ、文学好きだけれども金銭に余裕のない読者に、質の高い文学を楽しんでいただけることになりますし、図書館に購入していただければ、出版社としても大幅な赤字を出さなくてすみます。

二〇〇〇館の図書館に、こうした本を購入していただければ、日本文学は絶滅することはありません。こういう本を買い支えるのが、図書館の使命であるといっていいでしょう。

残念ながら、そういう使命感もなければ、文学の価値を見分けるだけの職員もいないというのが、現在の図書館の現状なのでしょう。

バブル経済のピークの頃ならともかく、いまどき三〇〇〇円などという定価では、本の大半が売れ残ってしまうこともあるでしょう。書店で売れ残った本は、出版社に返本されます。結果としては、出版社が大きなリスクをかかえることになります。

作家への著作権使用料は、印刷部数に応じて支払われますから、大量の返本が出たところで、作家に金を返せと迫る出版社はありません。リスクをかぶるのは出版社だけです。とはいえ、作者としても本が売れ残れば責任を感じますし、本が売れずに大量に返本されたりしたら、その出版社は、同じ作家の本を二度と出さないでしょう。

ここ数年、出版業界も、大変な不況にさらされています。いままで一万部は確実に売れていた作家が、初版五〇〇〇部で出発して、増刷もされないというのが、当たり前になってきました。出版社の方も用心深くなって、初版部数を少な目に設定しますし、部数が少ないと、全国の書店に行き渡らなくなり、大きな書店でも平積みにするだけの部数が配本されません。すると読者の目に触れることもなく、結局、売れない、ということになってしまいます。

それでもまだ、本が出るならましな方です。いままで初版が三〇〇〇部だった作家は、本が出せなくなってしまいます。実際に、本が出せなくなって、生活に困っている作家は、少なくありません。

もちろん、読んでも面白くなくて、文学的な価値もない作家が、失業状態になってしまうのは、仕方のないことです。しかし、文学的な価値はあるのに、本が売れない、本が出せない、ということになってしまっては、文学そのものが衰退してしまいます。もともと純文学というものは、それほど売れるものではなかったのですが、それでもいままでは、何とか伝統を守って生き延びることができていました。その文学の伝統が、いまはタイタニック号のように、沈没寸前になっているのです。

本が出なくなれば、作家は生きてはいけません。まあ、大学の先生をするとか、カルチャーセンターの講師をするとか、生き延びる方法がないわけではありませんが、これまで筆一本でかろうじて生活できていた作家たちが、副業をしないと生きていけないというのでは、日本文学そのものが衰退してしまうことになります。

わたしは、図書館がタダで本を貸しているから、日本文学が衰退すると言っているのではありません。本が売れなくなったのは、要するに不況のせいです。世の中が貧乏になってしまったので、いままで本を買っていた人が、買わなくなってしまったのです。

確かに、図書館に行けば本を貸してくれるというのは魅力的です。新古書店では、出たばかりの本を半額で買えます。人気のない本なら一〇〇円で買えます。貧乏になった読書好きの人が、図書館や新古書店を利用するのを、責めることはできません。

図書館がなければ本を買うか

図書館がなければ、読者は本を買うでしょうか。根拠があるわけではないのですが、図書館の利用者百人のうち、図書館がなければ本を買うという人は、半分にも満たないでしょう。せいぜい一割程度かもしれません。

人はご飯やパンを食べなくては生きていけませんが、本なしでも生きていけます。本当に貧乏になったら、本代を節約するしかありません。タダのテレビドラマを見ていれば、ひまはつぶせますし、インターネットは月にいくらかの料金を払って使い放題の契約をすれば、あとはいくらでもタダの情報を得ることができます。

それでも、図書館を利用する人のうち、何人かは、もし図書館がなければ、本を買っていたであろうということは推定できます。図書館の人に話を聞いてみると、複本の数が不足すると、予約を入れても何ヵ月も待たなくてはいけなくなります。すると予約を入れていた利用者の中に、期日になっても本を借りに来なくなる人がいるそうです。読む気がなくなったという場合もあるでしょうが、待ちきれずに買ってしまった人も、中にはいるはずです。

複本を増やさないようにすれば、ベストセラーの本を予約すると、半年待ちとか、ひどい場合には一年以上も待たされることになりますが、とにかく待っていれば、いつかはタダで読めるわけですから、どうしてもタダで読みたいという人は待っていればいいのですし、待ちきれない人は買っていただければいい。予約の待ち時間が長くなれば、気の短い人や、ある程度、生活費にゆとりのある人は、本を買うことになるでしょう。

ですから、利用者へのサービスとして、図書館がどんどん複本を増やすことで、ベストセラー作家が損失を受けていることは、否定できない事実だと思います。ただし、これはベストセラー作家に限ったことで、あまり売れない純文学の作家に、大きな損失があるとは思えません。しかし、いままで最低の三〇〇〇部くらいの初版部数で本を出していた作家が、本を出せなくなったという状況は、まぎれもない事実なのですし、そのことに、図書館がまったく無関係というわけでもないでしょう。

不況のために、税収も落ち込んでいます。公共図書館は、県や市町村など、地方自治体が運営していますから、地方税が落ち込むと、予算も削減されることになります。実際に、公共図書館の資料購入費は、年々、減額されているのが実情です。

少なくなる予算。その一方で、ベストセラーの複本は増やさなければならない。そうなると、純文学や学術書などは、買えなくなってしまいます。結局のところ、県立中央図書館に一冊あればいい、ということで、図書館が純文学の本を買わなくなっているということもあるのではないかと思います。

その結果、初版三〇〇〇部の本が、売れなくなってしまう。そんなことは図書館の知ったことではない、と図書館関係者はお考えなのでしょうか。図書館が利用者へのサービスだけを考えている限り、純文学の本を購入しなくても、大きな問題はないといっていいでしょう。県立図書館の本を一日か二日で取り寄せることができるのですから、あまり借り手のいない本が分館になくても、利用者にそれほど不便をかけているわけではないのです。

けれども、よく考えてください。公共図書館が純文学を支えないと、日本の文学は滅んでしまうのです。

文学が滅んでしまえば、いったい図書館で、どんな本を貸し出すというのでしょうか。本棚に推理小説と実用書しかないという事態になれば、図書館はただの貸本屋になってしまいます。それでは、図書館というものの、根本的な理念が失われるのではないか。

こういう問題提起に対して、図書館関係者は、いったいどのようにお答えになるのでしょうか。

5　読者の読書スタイルが変わってしまった

作家の多くは、子供の頃から本が好きで、それで自分でも本を書くようになったのだと思います。わたし自身もそうでした。ただし、わたしはあまり図書館を利用しませんでした。学校の図書館は時々利用しましたし、学生の頃に、近所の図書館に行ったことはありますが、それは手に入らない本が、もしかしたら学校の図書室や図書館にあるかもしれないと思ったからで、本屋にある本は、お金を出して買っていました。

それは、同じ本を何度も読むのが好きだったからです。子供の頃は、与えられる小遣いも限られたものですから、月に買える本はわずかなものです。ですから、家にある本を何度も読みました。わたしは末っ子でしたので、兄や姉の本が家にあって、いろんな本を読むことができたのですが、一度読んだことのある本を、もう一度読むというのは、なかなかに面白いものです。

初めての本の場合は、ストーリーがどうなるのかということが気になりますから、先を急いでどんどん読んでいくことになります。ところが二度目になると、ストーリーがどうなるかはわかっていますし、登場人物のキャラクターもすべて親しいものです。なじみのある人物が出てくれば、安心して読めますし、最初に読んだ時には気がつかなかった、作品の細部を味わうことができます。

本は手元におきたい

わたしは小説家ですが、以前は大学の先生をしていました。一〇年以上にわたって、学生たちに小説の書き方を教えてきました。その時のアドバイスの一つとして、同じ小説を何度も読むということと、映画をビデオなどで何回も見る、ということを勧めてきました。ストーリーやキャラクターがわかっていれば、細部に目が届きますし、結末がわかっていれば、作家やシナリオライターが、どういう意図をもって作品を構成しているかが、見えてきます。

同じ本を何回も読めば、小説の書き方が、自然にわかってくるのです。

そのためには、本はいつでも読めるように、手元に保有していなければなりません。自分が重要だと思ったところには、ボールペンなどで傍線を入れておきたいですし、感想を欄外に書き込むこともあります。そのためには、図書館で借りた本でなく、自分でお金を出して、本を所有している必要があります。
わたしは著述業を職業としていますから、自分がいままで読んだ本というのは、一種の財産です。文学論やエッセーの類を書く場合、過去の名作などについて述べることがあります。そういう時に、その原典を手元に置いて、確認しながら書く必要があります。自宅の書庫で探せば、自分が読んだ本は必ずどこかにありますから、役に立ちます。読んだ本は捨てずに、必ず保有しているということが、いまのわたしにとっては、かけがえのない資産になっているのです。

わたしの場合は著述業ですから、そういうかたちで、蔵書が自らの業務に役立っているわけですが、作家になる前の、学生時代にも、わたしは自分が読んだ本を捨てたり、古本屋に売ろうと思ったことはありません。たまたま図書館で読んだ本も、自分に強い影響を与えた本があれば、古本屋を探して必ず購入するようにしていました。

なぜかといえば、本を読むという行為は、自分の人生そのものだったからです。読んだ本を本棚に並べておけば、そこに自分の人生の軌跡が残っていることになります。読書日記のようなものを付けなくても、本棚に並んだ本の背表紙を眺めるだけで、本の内容や、読んだ感想や、その本を読んだ時の自分の状況などが、次々と心の中に浮かんできます。だからこそ、自分が読んだ本は、すべて本棚に保存しておく必要があるのです。

学生時代のわたしの友人たちも、同じような考え方をしていたと思います。早稲田の文学部ですから、読書好きの学生が多かったと思いますが、友人の下宿やアパートへ行くと、狭い部屋の中に、壁を埋めるようにして、本が並んでいました。あまり親しくない友人の部屋に行った時、とりあえずそこにある本の背表紙を眺めれば、その友人がどんな人物か、一目でわかるということもありました。

自分の本棚というものは、自分の過去であり、自分そのものだといっていいのです。量的にも、質的にも、これだけの本を読んだのだと、人に見せて自慢したい気持ちもなかったとはいえません。当時は、文学全集とか、哲学全集のセットが販売されていました。文学部の学生なら、見栄でもいいから、文学全集の一セットくらいは、本棚に飾っておいたものです。

わたしたちは本を大切にしました。著述業の人だけでなく、一般の読書好きの人々も、自分の本棚というものを、大切にしていたのではないかと思います。

若者にとっての本

残念ながら、日本の大都市圏における住宅事情は、先進諸国の中では最悪でしょう。狭い住居に家族で住んでいると、独立した書斎を設けることは難しく、父親の居場所がなくなってしまいますし、本の置き場所もなくなってしまいます。それでも本が好きで、蔵書が増えていけば、古い本は捨てなければなりません。そういう事情もあって、本の所有にこだわらないという人も、増えているのではないかと思います。

若者たちは、もっと大胆に、本というものをとらえています。本の所有ということにこだわらず、読み終えた本は、捨ててしまう。若者たちの部屋の中には、昔の学生が必ずもっていた本棚がありません。昔に比べれば、若者たちが本を読まなくなったということもありますが、本を保存するという発想が、いまの若者たちにはないのです。

読んだ本を並べておいて自慢するという風潮もなくなりました。昔は、本をたくさん読んでいる人は、それだけで尊敬されたものです。いま、本をたくさん読んでいたりすると、変な人間だと白眼視されたり、暗い人間だと馬鹿にされたり、付き合いにくいやつだと思われかねません。

若者文化も多様化しています。都市には遊びの場があふれていますし、音楽の種類も豊富です。インターネットや携帯電話、ビデオテープやＤＶＤ、ゲーム機など、わたしたちが若者だった頃には想像もつかなかった楽しみや、情報を得るためのツールに囲まれているので、本などという面倒なものに興味を持つ若者が、相対的には少なくなっていることは、事実として認めなければならないでしょう。

それでも、文字というものが滅びたわけではありません。インターネットでも、携帯のメールでも、文字を読むということなしに情報を得ることはできませんし、チャットなどという、文字でおしゃべりをする情報伝達もあるくらいです。

本というものも、立派な情報ツールです。本は手軽に持ち運ぶことができます。電車の中でも、喫茶店でも、公園のベンチでも、気軽に開くことができます。電源や電池の心配もいりません。じっくりと読めば、一冊の本で何日も楽しめますし、大急ぎでパラパラとめくって要点だけを概観することもできます。

ただ、いまの若者は、本とか文学というものを、他の文化よりも価値の高いものだとか、奥深いものだとは思っていません。テレビやゲームなどと同様の、さまざまなメディアの一つとして、本というものを楽しんでいるのだと思います。

本とは、要するに、ただの情報にすぎないのです。情報というものは、一度、頭の中にインプットしてしまえば、それで情報の役目は終わります。音楽は繰り返し聴けますから、ＣＤやＭＤなど録音媒体は必要ですが、ただの情報なら、一回インプットすれば充分です。例えば、ビデオショップで映画を借りてくる。映画というものも、ストーリーと結末がわかれば、それでおしまいです。ですから、ビデオショップで借りるだけで充分です。

わたしたちは映画館に入って映画を見る時、二〇〇〇円程度の入場料を払います。上映が終わって映画館から出てきた時に、何も手にもっていません。二時間ほどの上映によって、何かを体験し、情報を得る。その対価として、二〇〇〇円を支払ったのです。

同じように、ビデオショップでビデオを借りた場合も、そのビデオを自宅で見終えると、シヨップに返却します。手元には何も残りませんが、もともと映画館で映画を見た場合も手元に何も残らないわけですから、何ら不都合は生じません。

本の場合も、手元に本を残すということを考えなければ、図書館で借りたり、買った本を捨てるか、ブックオフなどの新古書店に売るかしてもいいわけです。実際に、多くの人々が、読んだ本を手元に残さなくなっています。

著作権を考えなおす

こうした状況の変化を見ると、書籍に関する著作権というものの考え方を、根本から改めなければならないのではないかという気がします。

これまでの著作権、とくに財産権（経済権）に関しては、本という物品の所有に対する対価として、定価販売をし、その一割を著作権使用料として著作者に支払うというのが、基本的なシステムでした。しかし、本を読んだ人が、本という物品の所有にこだわらないというのであれば、本の所有から著作権使用料をとるというシステムは、根本的に変革する必要が生じます。

本を読むことによって、本の中に描かれた世界を体験し、情報を得る。映画館で映画の世界を体験し、情報を得た人が、そのことに対して対価を払うように、本から情報を得た人から対価を得るということにしたらどうでしょうか。

新刊書店で本を購入する。これはいままでどおり、定価の中に著作権使用料が含まれています。その読者が、その本をずっと所有しつづけてくだされば、それでいいのですが、もしも新古書店に売った場合は、どうなるのか。新古書店では、定価の半額程度で古書を売っています。そこで本を買った人は、その本から情報を得ているわけですから、著作権使用料を払ってもらわなければなりません。

新古書店における販売価格から、一定の著作権使用料を徴収するシステムを確立する必要があるでしょう。新古書を購入した読者も、ごくわずかな著作権使用料を払ったわけですから、胸をはって本を読むことができます。その本を汚さないように読めば、また新古書店で引き取ってくれますから、同じ本が多くの人々に読まれ、資源の有効利用につながりますし、一冊の本を一〇人で繰り返して読めば、その一〇人分の著作権使用料が著作者に入ることになり、著作者も潤うことになります。

現状では、一冊の本が新古書店を通じて、一〇人の読者に読まれたとしても、著作権使用料を払うのは、最初に新刊本を買った読者だけです。これは考えようによっては、不公平な状況ではないでしょうか。

漫画喫茶については、すでに何らかのかたちで著作権使用料を払うという合意が成立しています。漫画喫茶の利用者が支払うコーヒー代などに、消費税などよりはるかに安い著作権使用料を加えることで、漫画喫茶の利用者は、胸を張って漫画を読むことができます。

図書館の利用者からは、お金をとるわけにはいきません。しかし国や自治体が基金を設立して補償金を払うようになれば、税金を払っている国民は、堂々と図書館を利用することができるのです。

こういうシステムを一刻も早く確立しないと、本をタダで読むということが、当たり前になってしまい、著作権というものの機能が、根底から崩壊してしまうおそれがあります。

もっとも、読者からすれば、本を読むのにお金をとられるというそのことが、何となく不当なことと感じられるかもしれません。物を買ったり、何かを利用する場合、安ければ安いほどいいし、できればタダがいいと思うのは、自然な人情といえるかもしれません。

知的所有権とは

そもそもなぜ、著作権などというものが存在するのか。そんな疑問をもつ読者もおられることでしょう。とくにインターネットが普及すると、一般のホームページをのぞくだけなら、すべて無料（プロバイダーとの契約や電話代は別として）ですから、情報というものはタダで得られる、という実感を、多くの人がもっています。それだけに、物の所有を伴わない、形のない情報にお金を払うということに、抵抗を感じる人も多いのではないかと思われます。

すでに著作権については、その概要をお話ししましたが、ここで改めて、少し詳しく検討することにしましょう。

著作権というのは、知的所有権と呼ばれるものの一部なのですが、この知的所有権というものは、とらえどころのない概念だといわなければなりません。なぜなら、これは形のないものの所有権だからです。土地とか、家屋の所有権なら、所有している土地や家屋を目で見ることができますが、知的所有権というものは、具体的な物に関する所有権ではありません。

著作権以外の知的所有権にどんなものがあるかというと、特許、意匠（デザイン）、商標、植物の品種、ＩＣ回路の設計などがあります。例えば、ブランドのハンドバッグなども、デザインと商標をもっていますから、知的所有権の一部だといえるでしょう。あなたが購入したバッグは、あなたの所有物です。では、知的所有権による「所有」とは何でしょうか。

著作権のことを、英語ではコピーライトといいますが、知的所有権とはまさに、コピーに関する権利なのです。一つ一つのバッグは、購入した人が所有しているわけですが、そのバッグと同じものを、別のメーカーが勝手に作ることはできません。ルイ・ヴィトンのバッグは、ルイ・ヴィトンしか作ることができないわけですね。だからこそ、ブランドというものは尊重されるわけで、ニセモノを作った業者は摘発され、罰されることになります。

つまり、バッグとか靴とか、あるいは特許によって作られた工業製品など、一つ一つの物の所有権は、購入した人にあるわけですが、それと同じ製品を作ることはできないということですね。

ルイ・ヴィトンのバッグには、モノグラムと呼ばれる独特の模様があります。これとそっくり同じ模様のバッグを作ることは、業者にとってはたやすいことですが、そうしたニセモノはコピー商品として、取り締まりの対象になります。

ルイ・ヴィトンはもともとは実用的なバッグでした。ヨーロッパの資産家は、よく旅行に出かけます。ルイ・ヴィトンのバッグは高価ですが、そのぶん丈夫で長持ちするということで、旅行好きの資産家に愛用されたのです。仕事柄、旅行の多い航空機の乗務員が、その丈夫さに着目して愛用するようになった結果、日本では、おしゃれなバッグとして人気を呼ぶことになりました。ルイ・ヴィトンの模様は、丈夫であることのシンボルです。独特の模様を見れば、たとえ値段が少し高くても、利用者は安心してそのバッグを購入することができます。老舗のメーカーが、長い年月をかけて築き上げてきた信用が、そのマークや模様にこめられているのです。そのマークだけを盗用してニセモノを作ることは許されません。

特許も同様です。発明や発見をするために費やした研究者たちの苦労や、研究施設を整え、高い賃金を払って研究者を養成してきた企業の努力に対して、何らかの見返りがなければ、研究者の労苦は報われませんし、企業の投資意欲にもつながりません。企業の積極的な投資と研究者の努力があって、世の人々を喜ばせる発明や発見が実現するのです。

努力や投資への報いのことを、インセンティブ（incentive）といいます。もともとは刺激とか動機という意味ですが、刺激や動機を与えるための報奨金を意味することもあります。要するに、馬の鼻先に吊したニンジンみたいなものですね。

特許権や商標が保証されるのもインセンティブのためだと考えられています。著作権の場合も、事情は同じです。複製権や貸与権などで経済的な利益が得られることが、創作意欲につながり、よい作品が創造されるということです。

作家の意識

こういう言い方をすると、プライドの高い作家の中には、自分はニンジンを追いかけて走る馬ではない、と主張する人も出てくるでしょう。本音はともかく、自分はお金のために仕事をしているのではない、というポーズをとるのが、これまでの文学者の基本的なスタイルでした。

わたし自身の実感からしても、お金のために作品を書いているという意識は、あまりありません。まずは、自分の書きたいものを書いているというのが基本です。その書いたものについて、読者が喜んでくださったり、評価していただければ、嬉しい、という感じはします。しかし読者のためだけに書いているのではありません。やはり、自分の書きたいものを書くということを優先したいと思っています。

このあたりの感じは、人によって違うと思います。エンターテインメントの作家は、ひたすら読者のために書くということなのでしょう。ただ読者にも、いろいろな好みがありますし、文学に対する姿勢も違います。大衆と呼ばれる幅の広い読者層とは少しはずれたところに、厳しい目をもった教養の高い読者もいるわけで、どういう読者に誉めてもらいたいかということで、書き手の姿勢も違ってくるのでしょう。

いずれにしても、作家はお金のために書いているのではありません。ただ結果として、多くの読者に支持されれば、お金が入ってくるということはありますが、インセンティブという言い方には、わたし自身、わずかな抵抗を覚えます。

しかし、作家というものは、一人で仕事をしているわけではありません。まず担当編集者が必要です。担当編集者は、作家の創作活動の第一の理解者です。仕事の依頼そのものが、編集者を通じてもたらされるわけですし、この本を世に出す価値があるという最初の評価を、すでに出す前から、編集者は作者に対して与えていることになります。それが励ましとなって、創作意欲がわいてくるということもできます。

先にわたしは、出版はギャンブルであると言いましたが、編集者や出版社は、作家や作品に賭けて、投資をしてくれたり、労力を提供してくれるのです。その投資や労力に対する感謝の気持ちがありますから、作家としても、できるならば自分の書いた本が売れてほしいと願わずにはいられません。

こういう気持ちを、馬の鼻先に吊されたニンジンのように、インセンティブという言葉で簡単に割りきってしまうことには抵抗を覚えますが、いずれにしろ、創作活動や出版事業に、何らかのメリットがなければ、創作意欲を持続させることも難しいし、本を出版することもできなくなるでしょう。

著作権を含めた知的所有権、知的財産権というものは、何らかのかたちで知的な創造や創意工夫をして人類に貢献した人に、それなりのご褒美として、その知的創造に対して一定の権利を与えるというものです。

知的創造には、ものを作ること自体に喜びがあるので、必ずしもお金のために創造するというわけではないのですが、それでも知的創造を支える産業を育成するためには、経済的な利益が得られるようなシステムを構築しておく必要があります。

このような考え方から、知的所有権という概念が生まれ、その一部として、著作権というものが確立されているのです。

違法行為としてのコピー

あとで詳しくお話ししますが、著作権にはさまざまな権利があります。しかしその中心は、複製権です。

英語で著作権のことをコピーライト（copyright）というのはこのためです。著作権に関する諸問題の中でも、やはり中心となるのはコピーに関する問題です。

はっきり言って、ルイ・ヴィトンのバッグをもっている人、あるいは、オメガの時計をもっている人が、それとそっくり同じものを、自分で作るということは、まあ、簡単にはできないと思います。

ところが、本のコピーをとることは、コピー機を使えば簡単にできますし、CDやレコードのコピーは、録音機を使えばすぐにできます。ここが著作権というものの重要なポイントです。誰にでもできることを、著作者だけが専有しているというところが、著作権の特色なのです。

専有というのは、排他的独占権ということです。つまり、自分だけが独り占めしているということです。他の人が同じことをやることは絶対に許されないという、ものすごい権利です。もちろん、所有権というのはすべて、この種の専有権です。わたしが所有する土地や家屋に、勝手に他人が入り込むようなことがあっては困ります。わたしが所有する財布を、誰かが勝手に持っていったら、それは泥棒です。

たいていの人は、他人の財布を盗んだりはしないでしょう。しかし、レコードをテープにコピーするというのは、平気でやってしまうのではないでしょうか。

レコードのコピーは、違法行為ではありません。これは「私的録音」といって、著作権法でも認められた行為です。コピー機で本のコピーをとるのも、個人的な使用であればかまいません。ただし、そのコピーを私的目的以外に使うのは違法です。

違法ではないといっても、コピーをとるというのは、もしもそのコピーを他人に渡せば違法になるわけですから、法律違反すれすれの行為といっていいでしょう。けれども、コピーをとっている人に、違反すれすれだという自覚はないと思われます。

具体的な物については、盗めば泥棒だという自覚は誰にでもあるはずですが、情報というものは形がないだけに、盗んだという自覚が希薄だというのが、著作権というものの難しいところです。

法律で、私的なコピーは許されているとはいえ、原則的には、コピーを造る権利を有しているのは、著作者だけです。著作者以外の誰も、コピーを造ることはできません。

著作権は知的所有権の一部ですし、知的所有権は、一般の所有権の一部です。この所有権というものは、基本的人権の一部です。

わたしたちは基本的人権として、生存する権利をもっています。これは罪もないのに拘束されたり、殺されたりすることがないという、生きる権利ですが、生きつづけるためには、衣服や住居が必要ですから、そういうものの所有権は、基本的人権に含まれます。

農民は耕地だけでなく、農具が必要です。工業に従事する人には、機械や工具が必要です。商業に従事する人も、計算機とかパソコンが必要でしょう。こういう道具の所有権も、基本的人権です。

つまり生きるために必要なものはすべて基本的人権ですから、著作者にとって、著作権はまさに基本的人権です。他人がこの権利を侵害することは許されません。無断で本のコピーをとることは、けっして許されることのない犯罪というしかないのです。

ある出版社が出した本とそっくり同じ本を、別の出版社が出す。これはいわゆる海賊版といわれるものですが、さすがにこのような違法コピーは、日本国内では見られません。しかし、例えば学校や図書館で読書会をやる時に、出席者の人数分のコピーをあらかじめ配布しておくという例が、ないわけではありません。

学校の先生が資料として、五〇人以下のクラスでコピーを配布することは、著作権法でも認められていますが（ただし本一冊まるごとのコピーは違法ですし、学習者用の教材などはコピーできません）、大学の大教室での授業で、受講者の全員にコピーを配ることは、許されていません。しかし、そういう実例が、読者の皆さんの経験の中にもあるのではないかと思います。

遠足や修学旅行の時に、クラスで選曲して歌集を作ったことはないでしょうか。課外活動の音楽クラブで、合奏用の楽譜をコピーしたことはないでしょうか。

万引きもキセルも絶対にやらないという人でも、上記のようなことは、平気でやってしまうのではないでしょうか。

そこが、著作権というものの、宿命的な問題点です。著作権を侵害しても、罪悪感があまりない。それは、著作権というものが、具体的な「もの」ではないからです。

コンビニで万引きすれば、具体的な「もの」の手応えがありますから、罪悪感が残ります。

万引きされたコンビニでは、「もの」がなくなっているわけですから、具体的な損失があります。ところが無断で本をコピーしても、それはコピー用紙へのコピーにすぎません。本とそっくり同じものを作ったわけではありませんし、出版社や著作者が具体的に何かを失っているわけでもないのです。

だから、コピーしたっていいじゃないか、と安易に考える人が多いのですし、違法なコピーを容認している図書館の関係者の中には、誰にも迷惑をかけていないと胸を張る人も出てくる始末です。

そもそも、著作権とは何か、著作権法にはどんなことが書かれているかを、ちゃんと知っている人は、あまり多くはありません。教育機関や図書館関係者でも、知らずに法律を犯している人も少なくないのです。

その意味からも、次の章では、日本の著作権法に書かれている著作者の権利を一つ一つ検討しながら、教育機関や図書館、あるいは一般の読者が犯しやすい違反について、指摘していくことにしましょう。

6 著作権にはさまざまな権利がある

著作権には、大きく分けて、二つの権利があります。一つは人格権、もう一つは狭い意味での著作権で、内容からすると、財産権、経済権とでもいうべきものです。

人格権

こちらの方を侵害されると、著作者は経済的な損失を受けるわけですが、人格権の方は、これがおろそかにされると芸術家としてのプライドや感情が傷つけられるといったものですから、著作者にとっては、こちらの方がむしろ重要なのかもしれません。

著作者人格権には三つの権利があります。

1 公表権
2 氏名表示権
3 同一性保持権

公表権とは、作品を雑誌に掲載したり単行本にしたりして公表する権利です。当たり前のことのようですが、注意しなければならない点があります。作家の未発表作品の生原稿をもっている人がいたとしても、その作品を出版する権利は、作品を書いた著作者にあります。著作者が亡くなっている場合は、著作権を継承した遺族にあると考えられます。

例えば、純文学を目指して習作を書いている若い作家が、あまりの貧乏のために、ホラーやポルノを書いて出版社に持ち込んだとしましょう。でもあまり出来がよくなかったので、出版社はボツにしました。ところがその作家が突然、芥川賞を受賞したので、あわてて倉庫を探したら、その原稿が出てきました。これは出版してくれと持ち込まれたものだから、当社で出版していいのだと勝手に決めつけるわけにはいきません。

手紙や日記も同様です。古書店のオークションなどで、作家の生原稿にまじって、手紙や日記が売り出されることがあります。そういうものを骨董品として購入し、所有することはできますが、出版したりコピーを作る権利は、所有者にはありません。

ついでにお話ししておきますが、日本の著作権法では、著作権の発生は、その作品を書いた時だということになっています。これは特許権のように、役所に登録しなければ権利が認められないというものではありません。

本の奥付に©（マルCマーク）という記号が付いていることがありますが、これは先進諸国ではない一部の外国で、出版された時点で著作権が発生すると考える国があるため、念のために著作権の発生の確認のためにマークを付けているのですが、日本においては、こういうマークがなくても、著作権は自然発生的に認められます。

ですから、出版されていない生原稿や、手紙や、日記にも、著作権はあります。こういうものを出版する場合は、著作者や著作権継承者の許諾が必要です。

地方の図書館、郷土資料館、文学館などに、作家の未発表原稿や手紙、日記、創作ノートなどが展示してあることがあります。館内に展示するのはいいのですが、写真を撮ってインターネットで掲示することはできません。インターネットは「公衆送信」にあたるので、著作者や著作権継承者の許諾が必要です。

作家が図書館や公民館で講演をすることがあります。その時の速記録が、資料として、図書館などに残されている場合がありますが、それが誰にでも読めるような状態になっている場合には、著作者の許諾が必要だと考えるべきでしょう。講演の録音テープも同様です。

もちろん、講演に関しては、講演料が支払われるわけですが、それは一回きりの講演に対して支払われるものです。速記を活字にして、誰もが読める状態にするということは、たとえその速記録が、ワープロでプリントした一冊だけのものだとしても、出版にあたります。録音テープは、講演そのものの複製にあたります。いずれも、明らかに著作権を侵害しています。

二番目の氏名公表権は、説明の必要がないでしょう。昔は弟子が先生の代筆をするといった風習があったようですし、純文学の作家が別のペンネームでミステリーを書くということもあります。とにかく作品を書いた人は、自分の決めた名前で作品を公表する権利をもっています。

当たり前の権利のようですが、この氏名公表権が時々、無視されることがあります。国語の入試問題などで、文学作品の一部が転載されているにもかかわらず、作者名の記載がないことがあるのです。もちろん、『坊っちゃん』や『暗夜行路』の一節を出題して、作者名を答えるというような、作者名を伏せておく必要のある設問の場合は別ですが、そうでなければ作者名は記載すべきですし、この問題が入試問題集などに収録された場合は、著作者や著作権継承者に著作権使用料が支払われなければなりません。

三番目の同一性保持権。これは編集者などが、勝手に作品をいじってはいけないということです。

純文学の月刊誌に作品を公表する時は、編集者のアドバイスを受けます。とくに新人の頃は、何度も書き直しを命じられます。小説を書きはじめたばかりの新人の場合は、ベテラン編集者のアドバイスは貴重ですから、言われるままに書き直すこともありますが、その書き直しは、本人が自分で書き直すわけで、編集者が勝手に書き直していいというわけではありません。

校正の担当者が誤字を指摘したり、差別用語をチェックしたりした場合でも、あくまでも著作者の同意を得た上で訂正します。わずかな字句の訂正で、作家と編集者の意見がぶつかり、徹夜で議論するなどということも、めずらしくはありません。

この同一性保持権は、時として無視されることがあります。漢字の古い字体や旧仮名にこだわっている作家の作品を、勝手に書き換える編集者がいます。雑誌に掲載する原稿を、ページに収まらないからといって、勝手に短くしてしまったり、勝手に小見出しをつけたり、差別用語を削ってしまったり、といったことを、平気でやる編集者がいないわけではないのです。これは著作権というものについての無知が原因でしょう。

国語の問題として出題される場合、出題者が原文の文章を勝手に縮めたり、用語を変えたりしてはならないことは、言うまでもありません。

以上が著作者人格権と呼ばれるものです。大切な権利ではあるのですが、この本のテーマである図書館における権利制限という問題で関係してくるのは、もう一つの財産権の方です。

財産権

著作権法の第二一条から第二八条までには、さまざまな著作者の権利が掲げられています。列挙すると、次のようになります。

第二一条　複製権
第二二条　上演権及び演奏権
第二二条の二　上映権

第二三条　公衆送信権
第二四条　口述権
第二五条　展示権
第二六条　頒布《はんぷ》権
第二六条の二　譲渡権
第二六条の三　貸与権
第二七条　翻訳権、翻案権等
第二八条　二次著作物の利用に関する原著作者の権利

実にさまざまな権利があるわけですが、何度も指摘しているように、著作権の中心をなすのは複製権です。

上演権は脚本、演奏権は音楽、上映権は映画、というのは、おわかりいただけると思いますが、公衆送信権というのは、耳慣れない言葉です。これを「放送」といってしまえばわかりやすいのですが、公衆に対して送信をしているのは、テレビとラジオだけではありません。有線放送というものもありますし、インターネットも公衆送信です。

テレビ放送というのも、テレビ局の放送だけでなく、例えば大学や予備校が、授業の様子を遠隔地に送信する場合があります。ファックスで書類を送るというのも、公衆送信の一種なのです。

先に述べたように、文学館、資料館などに寄贈された資料を、館内に掲示するのはいいのですが、その資料を写真に撮ってインターネットのホームページに掲示すると、それはただの掲示ではなくなります。不特定多数の利用者への公衆送信になってしまいます。

なお、この第二三条には、「自動公衆送信の場合にあっては、送信可能化権を含む」と書かれています。これは、著作物の複製を文字情報のファイルにしたり、デジタル写真にしたり、音楽のファイルにして、ホームページに掲げることを意味します。

ホームページに掲げるといっても、実際には、ホームページ作成者は自分のパソコン内にあるファイルを、プロバイダーのサーバー内の自分の領域にコピーしただけです。この段階だけなら、やや強引ですが、私的なコピーと解釈することも可能です。誰かがそのホームページにアクセスした途端に、ファイルが送信されることになるので、ホームページ作成者が送信したことにはなりません。

しかし、ホームページにアクセスした人が、自分のパソコンでホームページを見ているということは、明らかにそのパソコンにコピーが送信されたことになりますから、間接的には複製権を侵害していることになりますが、そのコピーがなされるのは、利用者がホームページにアクセスした瞬間ですから、作成者は関与していないことになります。

こういった、「法の抜け道」を防ぐために、送信可能な状態でファイルをサーバーに置くだけでも、著作権の侵害となるように、「送信可能化権」というものが定められたのです。要するに、作品をホームページに掲げることができるのは、その作品の作者だけだということになります。

口述権というのは、談話や講演を文字にする権利です。タレントや大きな事件の関係者など、有名人の語り下ろしの本がベストセラーになることがあります。そういう本の著作権は、語った人にあります。

展示権は絵画や写真の現物を展示する権利ですが、写真の場合は、ネガフィルムからいくらでも複製がとれますし、絵画でも版画のように、複製が何枚もある場合がありますが、いちおう絵画や写真を印刷した画集や写真集と区別して、印画紙に焼き付けた写真や版画は、現物の展示だと考えられています。

したがって、この展示権には、複製の展示は含まれません。しかし、漫画喫茶のように、漫画の本を「展示」することで客を集めている業者がいることを考えると、複製の展示にも何らかの規制をかけるべきだという声が、コミック作家や出版社から上がっていることも事実です。

頒布権というのは、なじみのない言葉ですが、映画作品だけに与えられた特権です。映画の場合は、映画館で上映されるので、上映権だけでいいような気もしますが、映画を上映するためには、フィルムを映画館に届ける必要があります。この場合、上映期間が終わったフィルムは、配給会社に返却され、二番館や名画座などに回されますので、フィルムそのものは貸与されているわけですが、名画座などに回った古いフィルムは、返却を求められないこともあります。

つまり、映画のフィルムに関しては、貸与なのか譲渡なのか、はっきり区別がつかない場合があるので、要するに上映のためにフィルムが届けられることを、「頒布」という言葉で示しているのです。

昔は、映画というのは、映画館で見るものでした。映画のフィルムを自分で所有して、自宅で上映するという人は、めったにいなかったと思われます。しかし最近は、ビデオテープやDVDの普及で、映画作品を購入して所有することが可能になりました。

販売用のビデオは、廉価になったとはいっても、映画館の入場料よりは割高ですが、家族で見る場合は、買った方が安くつきますし、ミュージカルやアニメなどは、何度も観たいという人もいるでしょう。ですから、映画館で観ずに、ビデオを購入する人もあるはずです。

しかし、よほどの名作や音楽映画でない限り、何度か観ると飽きてしまうということもあるでしょう。そのため、ビデオを中古販売するショップが、商売として成立するようになりました。ただし、映画作品には頒布権というものがあるため、単なる譲渡ではないという法的解釈がなされ、映画のビデオについては、規制がかけられています。

同じように中古販売が盛んなゲームソフトの場合は、中古販売を禁止する権利はないということになっているのですが、ロールプレイングゲームの中には、映画みたいな美しい映像でストーリーを展開するものもあります。そういうゲームと、映画との間に、それほど大きな違いがあるのだろうかという疑問を提出する人もいます。

すでにお話ししたように、推理小説のようなものも、読者は一回読めば、すぐに中古書店に売ってしまいます。新古書店と呼ばれる中古販売の店に行くと、ゲーム、音楽ＣＤ、漫画、推理小説など、さまざまな中古のソフト（書籍も含めてソフトと呼ぶことにします）が並んでいるのですが、映画作品だけに、中古販売を規制する特権が与えられているのは、「頒布権」というものが、映画館でフィルムを上映するというかたちでしか映画を観ることができなかった時代に設定されたものだけに、時代にそぐわない特権だという気がしないでもありません。

譲渡権というのは、著作物を販売して譲渡する権利です。絵画や、漫画の原画など、著作物そのものを譲渡することもできますが、複製の譲渡も、著作者が専有する権利です。ただし、いったん譲渡されてしまったものについては、一回目の譲渡があった時点で、著作者の譲渡権は消滅します。つまり、譲渡権（映画作品の場合は頒布権ですので除外されます）の場合は、あくまでも新品の譲渡であって、中古販売店への譲渡にまでは及ばないということになります。しかし、昨今のように新古書店のチェーンが拡がっている時代には、新品の譲渡についての一回きりの譲渡権ではなく、「消尽しない譲渡権」といったものを確立すべきだという考え方もあります。

さて、貸与権については、この本のテーマでもありますので、あとで詳述することにしましょう。

翻訳や翻案については、とくに説明することはありません。第二八条に書かれている「二次著作物」というのは、小説を原作にして脚本やシナリオが書かれ、舞台作品や映画が制作された場合です。この場合は、原作者にも、二次著作物の著作者と同等の権利が与えられると定められています。ただし、ここでも映画には特権が与えられています。映画作品の著作権のうち、財産権にあたる部分は、監督とかシナリオライターにあるのではなく、映画の製作者に与えられています。

このため映画の場合は、著作者が人間ではないので、死後五〇年というような著作権の存続期間は意味のないものになってしまいます。そこで、これまで映画作品は、発表後五〇年ということになっていたのですが、これも映画だけの特権で、発表後七〇年に改められることになりました。

なお、ヨーロッパの場合は、小説などの著作権の存続期間は七〇年ですし、映画作品の場合は、監督、シナリオライター、台詞の作者、オリジナル映画音楽の作曲者の全員が死んでから七〇年ということになっています。

このように、著作権にはさまざまな権利があります。送信可能化権などのように、著作者の権利を守り抜こうという、強い理念が感じられる条項もあります。世界的に見ても、日本の著作権法は、著作者の権利について深い考察のもとに作られた、充実した法律だといっていいでしょう。

ただし著作権の存続期間については、ヨーロッパより短く、文学作品はもとより、アニメや漫画など、国際的にも評価されている著作物が多数あることを考えると、著しい不公平が生じていることは間違いありません。この点は、早急に改善する必要があります。

著作権がないほうがよいとする考え方

わたし自身は、自分の作品の著作権が、孫や子の代まで継承されたとしても、自分はこの世にいないのですから、どうでもいいことだと思っています。けれども、著作権が切れてしまった著作物がどうなるかということを考えると、いささかの危惧を感じずにはいられません。

現代社会には、著作権などといったものは、ない方がいいと考える人たちがいます。確かに、パソコンのソフトの中には、フリーソフトと呼ばれるものがあります。わたしも、自分のホームページにファイルを送るソフトや、インターネットでダウンロードしたファイルを解凍するソフトなど、フリーソフトのお世話になっています。

フリーソフトというのは、パソコンのソフトを自分で作って、ホームページに掲げ、無料で誰もがダウンロードできるように設定している、ソフト制作者の善意によって公開されているソフトです。

パソコンを動かすためには、ウィンドウズなどの基本となるオペレーションソフトが必要です。ウィンドウズ（windows）を作ったビル・ゲイツが、世界一の大金持ちになったことは有名な事実ですが、一方、ウィンドウズに代わって多くのユーザーに基本ソフトとして利用されているリナックスの作者、フィンランド人のライナス・トーヴァルドは、このソフトを無償で公開しました。

このソフトは誰もが利用できるだけでなく、誰もが改良することができるので、急速に進化し、専門家の間ではウィンドウズを凌ぐ勢いで利用が拡がっています。

同様に、日本の坂村健さんが作ったトロンも、いまや自動車、家電、携帯電話などにはなくてはならない基本ソフトですが、これも特許をとらずにフリー利用されています。

このような実態があるため、パソコン愛好家の中には、ソフトというものはすべてフリーであるべきだと考える人がいます。そういうソフトを使って、パソコン上に表示する著作物を、コンテンツと読んでいますが、コンテンツの多くも、フリーで公開されています。要するに、多くのホームページが、タダで見られるということです。

わたしも時々、とくに目的を定めずにさまざまなホームページを眺めることがあります。多くのホームページには、関連サイトのリンクが張ってあります。その文字なりボタンなりをクリックすると、別のホームページに跳ぶことができます。

こんなふうに、次々と関連サイトをたどっていくことを、ネットサーフィンと呼ぶようですが、一度ネットサーフィンを始めると、再現もなくリンクのチェーンをたどっていくことになりますし、あっという間に数時間が経過していたりします。しかも、これらのホームページはすべてタダで見られるものですから、プロバイダや回線使用の契約を、時間無制限の月極にしておけば、何時間ホームページを見ていようと、費用を気にかける必要がありません。

もちろん、有料のコンテンツもあります。しかし、あまりにもタダのものが多いために、有料のものもタダで盗もうとする人が少なくありません。善意でプログラムやコンテンツを作っている人の中には、自由にダウンロードさせておいて、あとでお金を銀行に振り込んでもらうというシステムにしている場合もあるのですが、これでちゃんとお金を送る利用者はわずかしかいないでしょう。

業者の場合は、勝手にダウンロードできないように、ガードをかけている場合が多いのですが、パソコン愛好家の中には、このガードを解くことを、ゲームのように楽しんでいる人たちがいます。ガードを解くことが喜びで、コンテンツには興味がないという人もいますが、逆に戦利品として、タダのコンテンツを楽しんでいる人たちもいます。

アメリカで大流行したナップスターというシステムは、自分のほしいコンテンツ（本来ＣＤなどで購入すべき音楽ソフトが多いようです）を検索すると、そのコンテンツをもっている人のパソコンに自動的につながり、コピーできるようになっています。つまり、誰もが簡単に、タダのソフトやコンテンツを取得できるのです。

はっきり言って、これは泥棒なのですが、コピーを取得した人に罪の意識はありません。ソフトをコピーされた人も、ただコピーされただけで、自分のパソコン内からソフトやコンテンツが消えたわけではありませんから、損害という意識はありません。というか、自分のパソコンに誰かがアクセスしたということにさえ気づかないようになっています。

結局、損害を受けるのは、レコード会社などの業者と、作詞作曲家などの著作者です。利用者は、タダでコンテンツが得られるので、ついつい利用してしまうということでしょうが、こういうシステムを構築した人は、明らかにこれが犯罪だということを意識しています。

アメリカの場合は、「送信可能化権」というものが設定されていなかったために、法律的にも取り締まることが難しかったのですが、本来ＣＤなどで購入すべき音楽ソフトがタダで流出してしまうわけですから、犯罪行為であるという自覚はあったはずです。

ハッカーと呼ばれる、コンピュータの入口に設定されているガードを突破することを趣味としている人たちの多くは、ガードというものが、業者の利己的な欲望によって設定されていると考えています。江戸時代の悪徳商人みたいなイメージがあるのでしょう。つまりハッカーたちは、自分たちを鼠小僧のような、正義の味方だと考えているのです。鼠小僧が盗んだ小判や米を貧民にばらまいたように、悪徳商人のガードを解除して、民衆に無償でソフトを楽しんでもらおうという、ひとりよがりの正義感で、ガードの破壊を楽しんでいるのです。

こういう人たちは、著作権というものを、悪徳業者を儲けさせるための悪法だと考えています。そこで、コピーライトという言葉に対抗して、コピーレフトという言い方をする人たちが出現しました。ご承知のように、「ライト」という言葉には、「権利」とか「正義」という意味の他に、「右」という意味があります。自分たちは「右」ではなく「左」だと称することで、著作権はけっして正義ではないということを言いたいのでしょう。

ハッカーたちは明らかに犯罪者ですが、立派な学者の中にも、「左」に傾いた人たちがいます。こういう人たちは、特許権や著作権のような知的所有権は、なるべく制限した方がいいと考えています。

特許権や著作権は、工業製品やソフトを高額なものにします。それは民衆にとっては不利益なことです。知的所有権のような特権を排除して、工業製品やソフトを安価に提供すれば、民衆は製品の便利さや、ソフトの芸術性を享受することができ、その中から、将来の発明家や芸術家が誕生する、という理念が、コピーレフト的思想の背景にあるのでしょう。

著作権があるからこそ

確かに、発明家や芸術家が、お金のために努力しているのだと、学校などで教えるのはためらわれます。わたしもコピーレフト的な思想に、一理があるとは考えていますが、この思想は、絵に描いたモチみたいな、現実を無視した理念にすぎないという側面をもっています。

リナックスやトロンは、純粋なプログラムです。パソコン一台あれば、設計することができますし、パソコンがなくても、紙と鉛筆だけでもできてしまいます。

しかし一般の電気や化学、薬学の研究には、充分な研究施設が必要です。ボランティア精神の強い個人に期待をかけるだけでは、大きな発展は望めません。基礎研究には大学の研究機関を充実させる必要がありますが、基礎研究の応用や、製品の実用化を推進するためには、企業の研究施設を充実させなければなりません。そのための投資を促すためには、インセンティブが必要です。

文学の場合は、パソコンやワープロを用いる書き手が多くなったとはいえ、紙と鉛筆だけでも書くことは可能です。

しかし出版のためには、投資が必要です。出版のために、どれほどの投資が必要か、読者はご存じでしょうか。ふつうの商品をメーカーが作る場合は、作ったものを問屋に卸せば、それでメーカーの仕事は終わりです。問屋からの入金が、手形であったりして、資金の回収に時間がかかることはありますが、問屋が引き取れば、とにかくそれで商売は成立したと見なされます。

ところが出版業界では、ふつうの商品とはまったく異なるシステムが採用されています。現在、多くの書店で実施されているのは、委託販売と呼ばれているシステムです。これは江戸時代の家庭に常備されていた富山の置き薬と同じで、販売ではなく、本屋さんの店頭に無料で置かせていただくというものです。

本屋さんの店頭に置かれている本は、本屋さんが問屋にあたる取次店から購入したものではなく、単に取次店から届けられたものにすぎません。出版社が無償で置かせてもらっている見本品にすぎないのです。

読者が店頭の本を購入すると、その代金が取次店から出版社に戻されて、ようやく販売というものが成立します。したがって、本が本屋さんの店頭にある段階では、その本が売れるかどうか、出版社にはわからないのです。そして、発売から半年たつと、売れ残った本がドッと出版社に戻されます。

戻された本は、大半がデッドストックになりますが、大書店などでは、なるべく多種多様の本を置くという方針で、数年前に刊行された本も置いてくれますから、ぽつぽつと売れるということはあります。そういう可能性を信じて、出版社は大量の在庫をかかえることになるのです。

このように、出版というのは、なかなか大変な事業です。しかし、それでも日本の文学を支えるために、作家の全集などを出し続けている出版社があります。ベストセラー本などと違って、純文学の作家の個人全集などは、あまり売れるものではありません。本来、こういうものは図書館が買うべきものですが、最近は全集を買わずに推理小説の複本を並べる図書館が多いのが実情です。

それでも全集は必要です。通常の出版物には、校正ミスや、出版した時の事情などで、作者にとって不本意なものになっている場合があります。再版や文庫化の折りに、大幅に書き直しをする作家もいます。何度か版を重ねるうちに、それぞれの版で微妙な差異が生じ、長い年月の後には、どの版が正しいものなのか、作者が最も望んだ文章になっているのはどの版なのか、よくわからなくなっています。

作者が生きていれば、自らが版を選択し、校正することもできますが、作者が亡くなっている場合は、その作家の研究者が文献を調べたり、生存している編集者や、関係者に取材をして、最終的な作品を「定本」として決定します。こういう地道な作業を経て、文学作品は後世に伝えられるのです。

文芸文化を守るための献身的な努力を続けている出版社を支えるためには、その出版社が責任をもって定本を出すことに対する報償が必要です。その報償が、その出版社だけがその作家の全集を出すことができるという、排他的で独占的な出版権です。せっかく苦労して決定版の全集を出したのに、粗悪な類似品が出回ってしまっては、努力がむくわれません。だからこそ、出版権という、厳しい専有権が認められているのです。

著作権や出版権は、一つの作品を独占的に販売することを認めています。独占的に販売できるということは、需要があれば、値段を高く設定することが可能です。どうしてもその作品が読みたいという読者は、値段が高くても、その本を買わざるを得ないからです。

しかし、実際には、そのようなケースはないといっていいでしょう。人気作家の作品は、始めから値段が安く設定されています。初版部数が多いので、値段を安くできるということがありますし、値段を安くしておけば、爆発的ヒットになって、結果としては出版社の収入も増えるという計算が成り立ちます。

また人気のある作品は、三年を待たずに文庫化され、より幅の広い読者に提供されます。人気のある作家の作品に高い値段をつけて儲けようとする出版社はありません。著作権や出版権は、むしろ本を安くする効果をもっているといっていいでしょう。

著作権の存続期間が長すぎると主張する人もいます。例えば、著作権の切れた文学作品をタダで公開している「青空文庫」というホームページがあります。これはボランティア活動の人々によって、文学作品がデータ化され、無償で公開されているものです。

このページは多くの文学愛好家から、拍手をもって迎えられていますが、デメリットもあります。ボランティアがデータ化した作品には、タイプミスがありますし、用字や用語に、充分に配慮が払われていない点も散見されます。例えば、古い時代には容認されていた差別用語の処理などは、ボランティア個人の判断を超えた問題です。こういう問題を、ボランティアだからといって、勝手に処理していいというわけにはいきません。

問題の表記がホームページで公表された時に、いったい誰が責任をとるのでしょうか。出版社の場合には、細心の注意を払って検討され、研究者や学識経験者の判断で、責任をもった対処がなされます。だからこそ、全集などを出す出版社は社会から評価され、一種の権威をもっているのです。

著作権の存続期間が終わると、いっせいにタダのホームページに作品が出てしまうということになると、著作権の存続期間の終了が迫っている作家の全集を出す出版社がなくなるおそれがあります。苦労をして研究し、校閲をして万全の全集を出しても、タダのホームページで同じ作品が読めるのであれば、誰も全集を買わなくなってしまいます。

わたしは、著作権の存続こそが、文学作品を改竄や散逸から護っているのだと考えています。ですから、日本における存続期間を、現行の五〇年ではなく、ヨーロッパ並の七〇年に延長すべきだと考えています。

7　権利制限は人権の剥奪である

著作権法をさらに先の方まで見ていきましょう。

第三〇条から第五〇条までは、「権利制限」の条項が並んでいます。

すでにお話ししたように、権利制限とは、この件に関しては著作権を認めないということで、すなわち、著作権の剥奪です。著作権は基本的人権に根ざすものですから、ここでは著作者の基本的人権が剥奪されるという、あってはならないことが起こってしまうのです。

もちろん、ここに掲げられている条項の中には、妥当なものもあります。一例を挙げれば、「点字の作成」のように、障害者の「本を読む権利」を護るために必要な場合があります。「本を読む権利」は、視覚障害者にとっては、基本的人権といっていいでしょう。このように、人権と人権が衝突する場合には、より立場の弱い人の人権を尊重するという姿勢が必要で、この種の項目が権利制限とされているのは、当然のことだと思われます。

もう一つは、「私的使用のためのコピー」のように、取り締まりが無理なものです。こういうものまでも取り締まろうとすると、一般人の私生活に警察の監視の目が入るということになり、こちらも個人の生活が侵害され、人権が損なわれることになります。

しかし、単に公共性があるからというだけで、個人の人権が侵害されるようなことは、けっしてあってはならないことです。

そのことを前提として、権利制限の項目を、具体的に見ていくことにしましょう。

第三〇条　私的使用のための複製　個人的、または家庭内などの限られた範囲内で使用されるものについては、コピーが認められています。これは個人が自宅でコピー機やテープレコーダーでコピーを作成することを、見張るわけにもいかないということでしょうが、また個人的な使用ならば、著作者にとって実害が少ないという判断が働いているのでしょう。

同じ私的複製でも、デジタル方式の録音録画については、まったく劣化のない複製（クローンコピーと呼ばれます）が作られてしまうので、実害が大きいという判断のもとに、補償金制度が確立されています。これはデジタル録音の可能な装置の購入金額に、補償金のための基金にあたる金額が加算されることになっています。

ただしいまのところ、パソコンのような汎用機には課金されていません。パソコンの本来の目的は、計算やワープロ機能などで、録画や録音は、パソコンのもつ多様な機能のごく一部にすぎないからです。しかし、パソコンを使って録画や録音をしている人はたくさんいますし、そのためにパソコンを購入する人もいます。これは不公平な状態だといっていいでしょう。

私的複製が許されるのは、個人が所有するコピー機やテープレコーダーを使用した場合だけで、業者に依頼してコピーを作ることは許されません。コンビニにはコピー機が置いてありますし、ビデオのダビングを請け負う業者もありますが、これはあくまでも、利用者が自分で作った書類や原稿をコピーしたり、自分で撮影したビデオの複製を作るために利用すべきもので、著作権のある作品をコピーした場合は、業者が罰せられます。

また、誰でも使用できるようになっているコインやカードを使用する自動コピー機などを使用者が自分で動かした場合も、私的コピーとは認められません。利用者が私的目的で利用したとしても、コピー機を設置した業者がそのことで利益を得ているからです。

もう一つ、読者の皆さんにご理解いただきたいのは、企業の事務所などに置かれたコピー機による複製は、私的目的ではないということです。企業は何らかの営利を目的として業務をしているわけですから、企業におけるコピー機の使用は、権利制限の対象にはなりません。

現在は「複写権センター」という機関が設置されて、企業からコピー一部につき二円の課金をして、これを著作者に分配するシステムが確立されています。ただし、この場合も、本一冊をまるごとコピーすることはできませんし、コピーの部数にも制限があります。また課金の効率から、補償金を支払っているのは、いまのところ大企業に限られているようですが、公平性ということを考えれば、対象の企業をさらに拡大する必要があるでしょう。

また、医学書や理工学書などは、二円の課金では実害が大きすぎるということで、医学書関係と理工学関係の二つの組織が作られ、本の奥付にコピー禁止マークが付けられています。こうした本の場合は、マークの横に記載してある組織に連絡をして、許諾を得てからコピーをする必要がありますが、一部につき五〇円以上の課金を支払わなければなりません。

第三一条　図書館等における複製　図書館に設置されているコピー機で、複製を作ることができます。ただし、すべてのコピーがオーケーというわけではありません。一つの作品をまるごとコピーすることは許されていません。コピーできるのは、作品の一部分だけということになっています。

雑誌のバックナンバーなどの場合には、一つの記事や、短篇をまるごとコピーすることは認められています。ただし、分厚い雑誌ですと、単行本一冊に相当するような長篇が一挙掲載されていることがあります。こういうものをまるごとコピーできるようにすると、著作者が損害を受けます。そこで、図書館においては、ガイドラインが設定され、職員が利用者に対して、コピーの可否について、アドバイスをすることになっています。

このように、読者が自宅でコピーをとる「私的目的」の場合と違って、図書館におけるコピーには、禁止事項が定められています。これに対して、利用者の側からは、料金を払ってもいいから、作品の全体をコピーしたいという要望が寄せられることがあります。

確かに絶版になって手に入りにくい作品を研究しようという人にとっては、コピーの制限は、研究の妨げになります。こういう人は、本が手に入るならば本を買いたいという人であり、費用を節約するためにコピーしたいというわけではありません。この点については、適正な料金徴収のシステムによって、利用者の要望に応えることも必要になるでしょう。むしろ無断コピーを防止するためにも、課金システムの確立を早急に検討しなければならないと思います。なお、図書館においても、コインやカードによる自動コピー機が使われていることがありますが、正確に言えば、これは違法です。図書館内のコピーは私的目的のコピーと違って、コピーの内容に禁止事項が多いので、必ず図書館職員の指示のもとでコピーをしなければならないことになっています。

残念ながら、多くの図書館で、違法コピーが黙認されるような状況になっています。図書館が自動コピー機を設置するのは、人件費削減のためです。自動コピー機に職員を配置していたのでは、自動コピー機を設置した意味がありません。実際には、無人の場所に自動コピー機が設置され、利用者はコインやカードで無制限にコピーができるようになっているのが実情です。

もっとひどいのは、図書館の館内に業者を入れてコピー機の利用に対応しているケースです。ご丁寧にも、コピー機のそばに、「これは私的目的のために利用されるコピー機です」などといった表示が出ていたことがあります（現在はこの表示は撤去されました）。いやしくも地方自治体の施設が、業者を介入させて、意図的に法律違反をしている。これが公共図書館の実態なのです。

第三二条　引用

引用というのは、評論家が書評や時評を書く場合、自らの論証をわかりやすく読者に伝えるために、評論の対象となっている文学作品の一部を、自分の文章の中に挿入することを意味します。

引用する場合は、自分の文章と引用した文章とが混ざらないように、行間をあけたり、文字を小さくしたり、その部分が引用であることを明確にする必要がありますし、引用した作品のタイトルや作者名を明記しなければなりません。

また文章の量においても、内容においても、引用した書き手の文章が主であり、引用された文章が従であるような関係になっている必要があります。

文学作品の一部を抜き出して掲示するだけでは、引用ではありません。引用された文章についての批評なり、賛辞なり、何らかの言及が必要で、しかもその言及が、引用された文章を、量的にはるかに上回っていなければならないのです。

例えば、国語の問題で、長文を読んで答えるといったものがあります。その長文のあとに問題があれば、何らかの言及はあるはずですが、これは批評の類ではありませんし、量的にもわずかなものですから、国語の問題に転載された文学作品は、「引用」とは認められません。

つまり、国語の問題は、漢字の書き取りのテストのようなものを除けば、文学作品の転載にあたります。作品を転載するためには、著作者の許諾が必要であり、求めに応じて著作権使用料を支払わなければなりません。

市販の問題集の場合は、その問題集の定価の中に、すでに著作権使用料が含まれています。小学校、中学校、高等学校など、教育機関におけるテストの場合は、あとでお話しするように、「学校その他の教育機関における複製」という「権利制限」の規定があって、五〇人程度のクラスの範囲内では、担任教員が転載などのかたちで著作物の複製を作ることが許されています。

ただし、大学の大教室のような人数の多いところで著作物のプリントを配るのは違法ですし、複数の教員が協力して作成する実力テストのようなものも、厳密に言えば違法です。しかし、現場の先生方の多くは、自分たちが法律に違反しているという意識はないでしょう。

著作権を侵害するということは、言ってみれば「泥棒」に等しい行為です。学校の先生が平気で泥棒をしているというのが、どこにでもある実情なのです。

小説家が気をつけなければならないのは、登場人物が流行歌を歌う場面を書く場合です。うっかりその歌詞を書いてしまうと、違法行為になります。流行歌の歌詞は、日本音楽著作権協会（ジャスラック）に登録されていますから、登場人物にどうしても歌を歌わせたいのであれば、ジャスラックに許諾を求め、所定の著作権使用料を払わなければならないのです。その場合、許諾を得た時に告げられる承認番号などを付記する必要があります。

第三三条　教科用図書への掲載　教科用図書とは、要するに、文部科学省が検定した教科書のことです。「あなたの作品を教科書に掲載します」と国家から通達されると、作家には拒否権はありません。

これは、考えようによっては、驚くべき人権侵害ではないかという気もしますが、自分の作品が教科書に掲載されるのは、多くの作家にとって、名誉なことだと受け止められていますので、声高に問題にする作家は、いまのところいないようです。

わたし自身も、『いちご同盟』という作品が教科書に掲載され、教科書を介して、多くの読者に親しんでいただいています。自分の作品が、多くの若者たちに読まれるのは、ありがたいことです。生徒にとっては、授業で強制的に読まされてしまうことになり、何だか作品を押しつけているようで気が引けるのですが、先生方の適切な指導で、好意的に作品が読まれているという手応えを感じています。

教科書に作品が出れば、作家にとっては多くのメリットがあります。まず先生や生徒に名前を覚えてもらえます。作品の一部だけが掲載されている場合には、夏休みの課題図書に指定してもらえる場合もあります。事実、『いちご同盟』の文庫本は、毎年、夏休み前に増刷されて、確実に売れているようです。

余談になりますが、講演で地方に行った折に、地元の中学校の先生から、わたしの学校の図書室には、『いちご同盟』の文庫本が五〇冊揃っています、と言われたことがあります。五〇冊あれば、授業でクラスの全員に読ませることができます。

つまりこれは、学校の図書室における「複本」というわけです。先生とすれば、クラスの全員が読むわけですから、作者のわたしが喜ぶと思ってそういうことを報告してくださったのだと思います。わたしとしても、読者がそれだけ増えるわけですから、嬉しいことは嬉しいのですが、学校の図書室に本が用意されていては、その学校の近くの本屋で、わたしの文庫本が売れることはないだろうなと思われますから、素直に喜ぶわけにもいきません。

もちろんこの場合の複本は、推理小説作家が新刊を出した直後の、公共図書館における複本とは、状況が違います。新刊が出回った直後には、本屋の店頭に、作品が平積みで置かれています。人気作家の場合は、多くの読者が店頭で本を手にとって、自分でお金を出して購入するわけですが、そういう時期に、図書館に出たばかりの作品が複本として揃えられているというのであれば、これは明らかに営業妨害です。

わたしの『いちご同盟』の場合は、一〇年以上も前の作品で、いわゆるロングセラーですが、ふつうの本屋さんの場合は、平積みではなく、タテになった棚に、一冊あるかないか、という程度ですから、生徒に宿題で読めと言っても、本屋さんで見つけるのは困難です。学校で注文をとってもらえば、取次の倉庫から届けることができますし、実際にそういったまとめ買いの注文が、『いちご同盟』の売れ行きを支えているのですが、確かに安い文庫本とはいっても、生徒に経済的な負担をかけることになりますから、学校の図書室にクラスの人数分の複本を揃えるのは、行き届いたサービスだといえるでしょう。

そんなふうに、多くの読者を得ることができるのも、作品の一部が教科書に掲載されているからです。ありがたいことだと思います。

というふうに、教科書に掲載されることを喜ばない著作者はいないと思われるのですが、作家の中には、反体制を一種のスローガンとして掲げ、国家や政府を批判することで、作家としての特色を示している人もいます。そういう人でも、作品さえよければ、教科書に掲載されてしまいますが、作家としてはあまり嬉しくはないでしょう。

最近、こんなニュースがありました。ある作家の作品が、教科書に掲載されることになったのですが、これが文部科学省の検定で引っかかってしまいました。生徒に読ませるには不適格な作品と判断されて、掲載することができなくなったのです。

これは作者にとっては、不名誉な判断ですし、そのことでマスコミに騒がれたりすると、不快な体験を強いられます。そんなことなら、最初から教科書になど載らなかった方がよかったという気がするでしょうし、最初から、自分の作品を教科書に載せないでくれと言いたくなってしまいます。しかし現行の法律では、著作者に拒否権はないのです。

わたしは知的所有権を守る立場から、あらゆる「権利制限」に対して、異議を申し立てたいと考えています。しかし、公共性と私権とが衝突した場合には、「補償金」でしか解決できないこともあります。

作家は、自分の作品を発表した時点で、社会的な責任を負うと考えるべきでしょう。たとえ言論表現の自由があるとはいえ、風俗を乱したり、個人の名誉を傷つけるようなものは、出版が禁止されることがあります。これはマイナスの場合ですが、逆に文学的に高く評価されて、教科書に掲載されるという、プラスの評価が働いた場合は、社会的な義務として、その作品の掲載を容認すべきではないでしょうか。

ただし、いくら公共性があるとはいえ、無償で権利を剥奪することはできないはずです。教科書に作品が掲載される場合は、文化庁で補償金の額が定められ、教科書を発行する出版社が、その金額を補償金として著作者に支払うことになっています。

この補償金の金額については、けっして多いとはいえないのですが、教科書に掲載されると、教科書準拠のドリルなどに問題として転載されます。こちらの方からも著作権使用料が支払われますので、ある程度の経済的利益が得られることから、著作者としても、容認できる状況になっているということができます。

第三四条　学校教育番組の放送等　これは学校向けの教育番組において文学作品などが使用される場合です。例えば国語や文学の授業中に、作品の一部が画面に文字として表示されたり、朗読されたり、教材に転載される場合があります。これは教育番組を作るために必要なものですから、著作者に拒否権はないのですが、著作権使用料は支払われます。

第三五条　学校その他の教育機関における複製　この著作権法第三五条は、大変に重要な条項です。わたしは現行の著作権法で規定された「権利制限」の中で、その重要度からベスト三を選ぶとすれば、「教科書への掲載」「教育機関における複製」「公共図書館における貸与」だと考えています。前述のように、「教科書」については補償金制度が確立されていますが、他の二つは、権利が剥奪された上に補償金も支払われないという、「タダどり」をされているのです。ですからこの第三五条は、図書館問題と双璧の大問題というべきでしょう。

そこで、この第三五条は後回しにして、その次に進みます。

第三六条　試験問題としての複製　大学入試、高校入試など、教育機関における入学試験は、その性質上、試験当日までは内容を極秘にする必要がありますから、事前に著作者に許諾をとることなどは不可能です。そこで権利制限ということになっています。ただし通常の実力テスト等は含まれませんし、予備校などの業者が実施する公開模擬テストなどは、事前許諾は必要ありませんが、テストを実施した後に、著作者に補償金を払う必要があります。

第三七条　点字による複製等　点字図書の作成は、著作者にも出版社にも、いかなる損害も与えないことは明らかです。通常の本が読めない視覚障害者が点字を利用するわけですから、点字図書の普及によって、通常の本（福祉関係者は「墨字」と読んでいます）が売れなくなるということはありません。最近は点字図書をインターネットで送信することもできますが、これも許されています。

弱視の障害者の場合は、拡大図書と呼ばれる大活字本なら、読むことができます。点字というのは、仮名のような表音文字ですから、漢字を表現することができません。ですから、拡大図書の作成も重要な福祉活動です。

教科書の拡大版については、最近、新たに権利制限に加えられました。この拡大版は、ボランティア活動によって作成されるものですし、部数もわずかですので、わたしは著作権問題の責任者として、これが権利制限に加えられることに賛成しましたし、わたしの判断で、補償金も放棄しました。福祉活動の実態を考えれば、当然のことだと考えます。

一般の拡大図書については、いまのところ規定がありません。問題なのは、点字は訓練を受けていない健常者には、解読不能ですが、拡大図書は文字が大きいだけですから、健常者にも読むことができます。また、老眼の人向けに、大活字の本も、種類はわずかですが、市販されています。

したがって、点字と違って健常者でも読めることになります。とはいえ弱視者のための拡大図書は、一八ポイント以上で、新聞の大見出しのような文字です。全文がこの大きさで表示された文章は、健常者にとっては、とても読めたものではありません。老眼用の大活字本とは、明らかに異なった出版物ですので、実害は生じないはずです。

あとでお話ししますが、この種の福祉活動に対しては、著作者は権利を過剰に主張すべきではないとわたしは考えています。しかしいくら福祉目的のためだとはいえ、いきなり権利制限というかたちで、著作者の権利を剥奪するのも、民主的ではないと思います。

わたしたち文藝家協会では、新たに著作権管理部という組織を設置し、この種の福祉目的のための利用に対応して、簡易に許諾が出せるようなシステムを、現在、準備しています。福祉関係者の要望も聞きながら、著作者の権利を侵害しないかたちで、一括許諾が出せるように、著作者の皆さんにも協力を求めています。このシステムが稼働するようになれば、多くの問題が一挙に解決すると考えています。

視覚障害者のための福祉活動で、もう一つ重要なのは、録音図書の作成です。点字図書館等の福祉施設では、ボランティアの人々の活動で、録音図書が作成されています。こうした活動については権利制限の対象となっていますが、一般の公共図書館における録音図書の作成については、対象外となっています。

これには理由があります。点字図書館などの専門の福祉施設の場合は、この道一筋の職員や熟練のボランティアがいて、品質の高い録音図書が作成されています。これに対し、一般の公共図書館の場合、ボランティアの人々の熱心な活動を評価しなければならないとは思うのですが、品質を管理する責任者という点においては、必ずしも明確ではありません。

レファレンス活動も充分にはできていないというのが一般の図書館の現状ですから、そういう状況のままで、「権利制限」と呼ばれる権利の剥奪がなされることに、わたしは反対を続けてきました。

品質管理が充分になされないと、朗読者の読み間違いなど、著作者人格権の中の同一権が損なわれるおそれがあるからです。

もちろん著作者の多くは、福祉活動の重要性を理解しています。しかしごくわずかではあるのですが、同一権にこだわる人がいます。こういう人の権利を、「権利制限」という強制的な措置で剥奪してよいとは思えません。

一般の公共図書館で録音図書を作成するためには、著作者の許諾が必要です。この許諾をとる手続が、けっこう大変です。往復葉書などで確認を求めて、押印した葉書を返却してもらえばいいのですが、作家の住所を確認するだけでも、手間がかかりますし、葉書が戻ってこないケースもあると思います。

こうした許諾の手間を省くために、図書館関係者は、一般の図書館の福祉活動にも、点字図書館と同等の「権利制限」を適用すべきだと主張します。しかし図書館関係には、著作者にとって「権利制限」が人権の剥奪になるのだという認識が、あまりにもうすいのではないかとわたしは考えます。

図書館関係者は、すべて公務員です。要するにお役人です。お役人にありがちなことですが、高みから一般庶民を見下ろしていて、平気で人権を剥奪します。個人の人権ということに、きわめて鈍感なのです。こうしたお役人的な発想に対しては、わたしは徹底的に闘いぬきたいと思っています。

とはいえ、福祉活動の停滞によって、できるだけ多種多様の本を読む（朗読を聴く）という視覚障害者の権利が損なわれてはなりません。前述の著作権管理部の設置によって、一般の公共図書館の要望にも、応えることができるのではと考えています。

また、点字図書館等で作成された録音図書の、インターネットによる配信や、公共図書館への販売など、福祉活動によって作成された知的資産を、なるべく多くの障害者が活用できるようなシステム作りに協力したいと考えています。

わたしのところにも、録音図書作成の許諾を求める文書が、数多く寄せられます。同じ作品が、各地の公共図書館で、録音図書として作成されていますが、これなどは、何となく無駄なロスではないかという気がします。点字図書館等で作成された録音図書を、全国の図書館で利用できるようなシステムができれば、地方の公共図書館では、もっと細かい利用者の個別の需要に応えることができるのではないでしょうか。

現在準備中の著作権管理部について、もう少し詳しくお話ししましょう。著作者の権利を守りつつ、適正な著作権使用料を利用者からいただいて、著作者に分配する、一種の代理人機能をもった組織なのですが、同時に、利用者の方々の便宜をもはかるシステムです。

新聞社や出版社など、企業の活動によって創造された新聞、雑誌などから、記事を転載したり、再利用することは、それほど難しくはありません。企業に連絡をとって許諾を求めればいいだけのことです。

しかし、個々の作家に連絡をとるのは、簡単ではありません。作家は執筆活動が中心ですから、営業的なセンスに乏しく、著作物の二次利用を求めても、頭ごなしに断られることがあります。そもそも取材旅行に出ていたり、仕事場に閉じこもっていたり、ホテルに缶詰になっていたりして、作家と連絡をとることすら難しい場合が多いのです。

そういう利用者側の労苦を少しでも軽減するために、作家の許諾をとるための連絡先などの案内をするとともに、作家と交渉して、作品の二次利用の権利を委任してもらい、利用者の求めに応じて、一括許諾が出せるようなシステムを計画しています。

また、NPO法人日本文藝著作権センターという組織を併設して、さまざまな利用者からの相談の窓口となると同時に、著作権というものの普及、啓蒙、宣伝などの活動を展開したいと考えています。

第三七条の二　聴覚障害者のための自動公衆送信

これは新しく制定された条項です。簡単に言えば、テレビの放送に、聴覚障害者のために字幕を追加するというもので、これも福祉活動として大切なものです。

映画やドラマなどで、制作者があらかじめ字幕を用意している場合があります。このような場合は、脚本家や原作者に事前に許諾をとることができます。しかし、そういうものが用意されていない番組も多く、また生放送の報道番組など、リアルタイムのものは、字幕を用意することができません。

こういう放送を見ながら、ほとんどタイムラグもなくタイプで字幕を表示できるボランティアの活動によって、文字情報だけをネットで配信するシステムに対応するために、この権利制限が制定されました。

さて、いよいよ問題の部分に到達しました。章の前に表示されている小見出しには、「営利を目的としない上演等」と書かれているのですが、ここにはさまざまな「権利制限」が書かれています。

そして、この本のテーマでもある、公共図書館における書籍の無償貸与についての「権利制限」が書かれているのも、ここなのです。そこでこの条項についても、先の「教育機関における複製」と同様、章を改めて詳述することにします。

で、次に進みましょう。

第三八条　営利を目的としない上演等

その他の権利制限

この先のいくつかの条項は、この本のテーマとはあまり関係がないので、小見出しだけを掲げておくことにします。

第三九条　時事問題に関する論説の転載等
第四〇条　政治上の演説等の利用
第四一条　時事の事件の報道のための利用
第四二条　裁判手続等における複製
第四二条の二　情報公開法等による開示のための利用
第四三条　翻訳、翻案等による利用
第四四条　放送事業者等による一時的固定

第四五条　美術の著作物等の原作品の所有者による展示
第四六条　公開の美術の著作物等の利用
第四七条　美術の著作物等の展示に伴う複製
第四七条の二　プログラムの著作物の複製物の所有者による複製等
第四七条の三　複製権の制限により作成された複製物の譲渡
第四八条　出所の明示
第四九条　複製物の目的外使用等
第五〇条　著作者人格権との関係

ご覧のように、著作権にはさまざまな「権利制限」がありますが、それぞれに、何らかの理由があって制定されたものです。

例えば放送事業者による一時的固定。これはテレビやラジオの番組を制作した会社が、地方の放送局へ送信する場合などに、必要に応じて複製が作られる場合を言います。番組は全国一斉に放送されることもありますが、地方局によっては、別の時間帯で放送されることもあります。そのため一時的にコピーを作って保存することになります。これを「権利制限」としておかないと、放送局との契約書が煩雑なものになってしまいます。

プログラムの複製も同様です。そもそも市販のパソコン用のプログラムは、自分のパソコンにインストールして初めて機能するものですが、インストールするということは、プログラムがパソコンの内部にコピーされるわけですから、複製せざるをえないことになります。

こういう複製と、例えば会社で業務用に使うワープロソフトや会計ソフトを、職場のすべてのコンピュータにインストールすることとは、明らかに違います。プログラムを購入した個人が通常に使う範囲内であれば、複製できるということにしておかないと、プログラムそのものを使うことができません。

複製というものを厳密に考えようとすると、どんどん深みはまりこんでしまいます。例えば、ウォークマンに代表されるコンパクトな音楽ソフトの再生装置の中に、「音跳び防止」という機能がついているものがあります。

これらの再生装置は、歩きながら使用するものですから、ショックを受けた時に、テープやディスクからの情報を読みとることができず、音が跳んでしまうことがあります。そこで、データの読みとりが始まってから、実際に音響が発生するまでに、1秒にも満たない短いタイムラグをあらかじめ設定しておくのです。データを読み始めてから音が鳴るまでの間の情報は、装置の内部に蓄積されることになります。

ショックによってデータの読みとりが瞬間的にストップしても、内部に蓄積されたデータで音を鳴らすことができます。その間に、データの読みとりが再開されれば、途切れ目なく音楽を再生できることになります。

こういうことが可能になるのは、テープやディスクの情報が、ごく短い時間だけの情報ではあっても、とにかく装置内にコピーされているからです。これは「複製権の侵害」になるのでしょうか。

はっきり言って、こういうものまで「権利制限」の条項に加えなければならないのだとしたら、著作権法は電話帳みたいな分厚いものになってしまいます。

アメリカの法律では、「フェアユース」という言葉が使われています。「正当な使い方」であれば許されるということで、あとは常識に任せるということですね。前述のウォークマンの場合は、べつに複製を作って誰かに売るとか、そういう類のものではありませんから、実害は生じません。些細なことまで法律の条項に書き込むのではなく、常識に任せるということにしないと、法律は際限もなく煩雑なものになってしまいます。

そういう考え方からすれば、日本の著作権法の条項の中には、無駄な部分がかなりあると思われます。ある程度は常識に任せて、法律を簡略化しようという動きもありますが、あまり簡略化しすぎると、権力者（政府ということですが）が法律を勝手に解釈して、人民を抑圧するという、全体主義的な危険が生じる可能性もありますから、難しいところです。

なお最後の「第五〇条　著作者人格権との関係」は、たとえ権利制限で許諾や報酬の必要がないとはいえ、著作者人格権まで奪うものではないということです。ですから、無許諾無償で転載できるといっても、勝手に内容を書き換えたり、著作者の名誉を傷つけたり、出所を明記せずに使用するようなことは、許されないのです。

8 教育機関と図書館における権利制限

この章では、図書館における権利制限について、著作権法の条項をじっくり眺めながら、今後の展開について考えたいと思います。しかしその前に、前の章で後回しにした「教育機関における複製」について、少し詳しくお話しすることにします。

教育機関と図書館における権利制限が、現行著作権法における問題点の双璧であることは、すでに指摘しました。ですから、図書館の問題を考えるためには、比較のためにも、教育機関に関する問題点がどういう状況になっていて、今後の展開はどうなるのかということを、細かく確認しておく必要があります。

教育機関における複製

まず、「学校その他の教育機関における複製」について書かれた第三五条を、原文のまま引用することにします。

学校その他の教育機関（営利を目的として設置されているものを除く。）において教育を担任する者は、その授業の過程における使用に供することを目的とする場合には、必要と認められる限度において、公表された著作物を複製することができる。ただし、当該著作物の種類及び用途並びにその複製の部数及び態様に照らし著作者の利益を不当に害することになる場合は、この限りではない。

ここで「教育機関」と書かれているのは、公立の学校だけではありません。私立の学校法人も教育機関として認められます。公民館が開設する市民のための講座や、公立の生涯学習センターなども含まれます。除外されるのは、営利企業が開設したカルチャーセンターや塾、予備校などです。気をつけていただきたいのは、公民館の施設を借りて開かれる民営の講座です。例えば、料金をとって開かれる民謡教室で楽譜をコピーして生徒に配る、といったことは違法だと考えなければなりません。

教育目的で複製が許されるのは、いわゆる学校のクラスにおいて、そのクラスの生徒だけに配られるプリントやコピーだけだと考えてください。

コピーできるのは、「教育を担任する者」ということになっています。これは「クラス担任」

という意味ではありません。小学校では、ほとんどの教科をクラス担任が教えることになりますが、中学校では、各教科ごとに担当の先生が決まっています。そのクラスの授業を担当している先生が、「教育を担任する者」ですから、授業で用いる教材や試験問題はすべて含まれます。それから、授業を担任する先生から指示を受けた事務職員がプリンターやコピー機を操作することは、不文律ですが容認されています。「事務職員は教員の手足である」というのが文化庁の見解です。要するに命令に従って動くだけの、自分の意志をもたない奴隷であるということでしょう。

わたしは、事務職員は奴隷ではないと考えていますので、文化庁の見解は、恣意的で独断的なものだと思います。

教員が生徒にコピーを命じた場合はどうでしょうか。最近、文部科学省の方針が変わって、生徒の自主的な学習が重んじられるようになりました。そして、大学のゼミのような、生徒が自分で研究して発表するような時間が設けられました。そうした時間に、生徒が発表の資料として、コピーを配る場合が考えられます。文化庁としても、「生徒も手足だ」と言ってしまっては、生徒の自主性を重んじるという文部科学省の方針を否定してしまうことになるので、生徒のコピーについては、法律の改正が検討されることになりました。

しかし、法律が改正されたとしても、生徒が勝手にコピーできるというわけではありません。

それは、あとでお話しするように、この条項には「著作者の利益を不当に害することになる場合」はコピーできないと書かれていますが、そうした判断は、生徒には不可能だと考えられるからです。結局のところ、判断を下し、責任をもつのは教員だということになり、生徒はあくまでも「手足」だと判断するしかありません。

さて、その「著作者の利益を不当に害することになる場合」とは、どんな場合なのでしょうか。

例えば、一般の書籍ではなく、生徒の学習用に作られたドリル、入試問題集、数学や理科の公式集、歴史の年表や資料集、英単語集などの学習用教材は、すべてここに含まれます。こういう学習用教材をプリントやコピーで生徒に配ることは許されません。

量的には、この規定は、小学校や中学校の教室を想定しています。つまり、最大で五〇人といった程度でしょう。したがって、大学などの百人近い教室や、数百人収容できる大教室などでプリントを配ることは、法律違反になります。

プリントの配布が可能なのは五〇人以下のクラスに限られますが、もちろんその教員がいくつかのクラスを担当して、同じ授業をしているのであれば、担当しているクラスの全員に同じコピーを配布することは可能です。

しかし、例えば一つの学年を複数の教員で担当していて、ある教員が作ったプリントを学年全員に配るというような場合は、担任教員でない教員が作ったものということになりますから、これはアウトです。そうなると、複数の教員が国語を担当している場合は、学年の全員が受ける実力テストのようなものを作ることができなくなります。

入学試験の問題も、大量の受験者に配布されます。入学試験の場合は、出題の内容は当日まで極秘扱いですから、事前に著作者に許諾を求める必要はありませんし、次の第三六条に規定されているように、著作権使用料を払う必要もないのですが、翌年の受験者に前年のテストを配布するような場合は、著作者の許諾を求め、著作権使用料を払うべきでしょう。

学校におけるプリントやコピーの利用というと、国語の試験問題などは代表的なものですが、例えば教科書に短歌や俳句が一首、一句だけ掲載されている作家の代表的な作品をパソコンで打ち込んで生徒に学習させるとか、いまは国語の教科書に掲載されなくなった志賀直哉の作品を、ワープロに打ち込んでプリントするなど、副読本、補助教材を、担任の先生が作るというようなケースが考えられます。

自分のクラスに配るだけならいいのですが、別のクラスの担任の先生が、フロッピーを借りて自分でプリントする場合はどうでしょうか。厳密にいえば違反だと思いますが、個人的に承諾があれば、大目に見てもいいだろうと文化庁は認めています。

パソコンなど機器利用の場合

しかし、教員のパソコンが校内ラン（LAN）と呼ばれる通信網で結ばれていて、各教員がパソコンに打ち込んだファイルが、学校全体の共通の資産として、誰でも自由に使える状態になっている、というようなケースは、明らかに法律違反です。

実は、このようなパソコンのシステムが、多くの学校ですでに実現しています。ですから、多くの学校で、法律違反が実際に行なわれているのです。

これは文書に限られた規定ではありません。例えばNHKの教育番組を、担任教員が録画して、自分が担当している生徒に見せることはできるのですが、そのビデオを職員室の棚に常備して、誰でも自由に使えるようにしてあれば、それは法律違反です。

このように、教員が個人的に作った複製を、校内全体で、一種のデータベースとして使用するのは、現行の法律では明らかな違反ということになるのです。

しかし、多くの学校では、実際にデータベース的な使用が実施されていて、それを生徒たちも知っているわけですから、極端にいえば、先生が平気で泥棒をしているのを、生徒たちが当たり前のことだと思ってしまう。これは著作権教育という点から考えても、重大な問題だと思います。学校でこんなことをしているから、生徒たちに、著作権を大切にするという姿勢がなく、音楽ソフトなどの違法コピーが平気で行なわれてしまうのです。

そもそも、五〇人以下ならクラスの担任が複製を作ってもいいという権利制限は、おそらく手書きの謄写版（ガリ版）を想定して制定されたものだと思われます。現在のように、パソコンに入力してプリントしたり、印刷物のコピーから大量のプリントが瞬時にできるような装置は、この法律の制定当時には、存在しなかったはずです。

謄写版なら、五〇枚も刷れば、原紙が破れてしまい、それ以上プリントできなくなりますし、手書きでは、いくら字の上手な人でも、いかにも手製のプリントだという感じがします。市販の印刷物とは明らかに異なる品質のものですから、複製権を著しく害するということはありません。

しかしパソコンやコピー機の発達で、市販の印刷物に比べてもまったく遜色のない印刷物が、生徒に配布されているのが現実です。

また、国語教科書の多くは、教科担当者に配布される指導書（トラの巻などと呼ばれているものです）に付録として、教科書の内容のデータが収録されたフロッピーディスクを添付しています。これがあれば、国語の問題に教科書の長文を転載することも簡単です。ディスクから文書のコピーをとって貼り付ければいいのですから、作業は一瞬です。

昔の先生は、国語の問題を作るのにも、ガリ版の鉄筆を握って、手書きで筆写していたわけですから、その苦労を思うと、機械の進歩によって、教員の手間が大幅に省かれたことになります。

わたしは機械の進歩を否定しているわけではありません。パソコンやコピー機を使ってはいけないと主張しているわけではないのです。むしろ、著作権問題を解決した上で、大いに機械を使って複製を利用していただきたいと考えています。

例えば、志賀直哉の『小僧の神様』は、最近の国語の教科書には掲載されていません。こういう名作を、ぜひ生徒に読ませたいと思う先生も少なくないと思われます。ワープロが打てる先生なら、自分でキーボードを叩いてパソコンに入力することもできます。一人の先生がデータを入力すれば、そのデータを別の先生が使うこともできます。校内ランのデータベースに、文字情報の資産が蓄積され、多くの先生方が利用することができます。

生徒の負担を減らすと同時に、先生方の自由な裁量によって教育の幅を拡げるという方針から、最近の教科書は厚みがなくなり、内容が減っています。そのぶん、担当する先生方が、副読本や教材を作って指導することになります。先生の自主的な判断と手作りの教材によって生徒が学習することは、必要なことであり、推進すべきことであるとわたしも考えます。

だからこそ、教育現場における著作権の問題を、一刻も早く解決する必要があるのです。とくに、これからの社会を担う子供たちが育つ教育現場ですから、著作権の不正な使用がまかりとおっているような状況は、好ましいことではありません。むしろ、著作権というものの重要さを生徒たちに示しながら、正当な手続で、著作権が利用できるようなシステムを確立すれば、生徒たちも自然に、著作権というものが何なのかを理解することでしょう。それこそが、本当の教育ではないでしょうか。

幸いなことに、教育機関の関係者は、校内ランのデータベースの確立を強く求めていますし、そうした利用が現状では法律違反だということも承知しています。

当初は、教育関係者は強圧的な態度で、教育というのは公共性があるのだから、権利制限にすべきだと主張していたのですが、わたしはさまざまな論理を駆使して反論しました。よく考えてみれば当たり前のことなのですけれども、教育関係者は、公共性があれば何でもできると考えていたようです。

例えば、地震や台風などの災害で、被災者が食べ物に困っている時に、ボランティアが炊き出しでおにぎりなどを提供することはあります。これはあくまでもボランティアです。県や市が、スーパーやコンビニのおにぎりを無償で提供せよと命じることはありません。必要なら、税金を投入して、被災者に弁当などを配ることになります。

公共事業とは、公共のために必要な施策を税金を投入して実施する事業です。けっして一部の個人に無償で何かを供出させることではありません。公共性の名のもとに私権が制限され、私有財産が略奪されるようなことがあれば、それは全体主義であり、イラクや北朝鮮と同様の恐怖政治というべきでしょう。

著作権の対価を補償金で

公共性があるから、著作権を剥奪せよという発想は、民主主義の世の中においては、異様な全体主義であり、そのようなことを口にするだけでも教育者の資格のない人々の言動だとわたしは思います。

わたしの体験した実感でいえば、文化庁のお役人は、アメリカとの付き合いがあり、ヨーロッパとも付き合っていますから、自由と民主主義の尊さを、自由民主党の政治家よりも、はるかによく理解しています。わかっていながら、これまで、著作権というものがあまり尊重されず、権利制限が拡大の一方にあったのは、これまで著作者そのものが、著作権というものにあまり関心を払ってこなかったからです。わたしが著作者の人権について主張をすると、文化庁の方々には、おおむね理解していただけました。

教育関係者の場合は、充分なご理解をいただいたとはいいがたいのですが、しかし、教育関係者には一種の弱味があります。現在の教育の現場では、明らかな著作権法違反が横行しています。そのことをわたしが指摘すると、教育関係者も、権利制限の拡大という要求は撤回しました。そして、何らかのかたちで補償金を支払ってもいいという発言が聞かれるようになりました。とはいえ、具体的にどのように補償金制度を確立するかについては、問題は山積しています。

わたしは文化庁の著作権分科会や、法制問題小委員会、その下に設けられた図書館と教育機関における権利制限に関するワーキンググループ、さらに関係者との協議会などで、同じことを何度も主張してきました。結果的には、補償金をくださいということしか言ってこなかった気もしますが、その基本には、著作権というものを多くの人々にご理解いただかないと、この国の文化そのものが滅びてしまうという危機感を感じていたのです。

わずかばかりの補償金をいただいたところで、それでこの国の文芸文化が救済されるとは思いません。文化をお金で解決することなど、できるはずもありません。しかし、著作権の大切さを訴えるためには、口先のきれいごとではすまないのです。

わたしには、図書館関係の友人もいますし、教育関係の友人もいます。また、仕事を通じてさまざまな出会いがあり、図書館関係者や教育関係者の知人も増えています。そういった親しい人々の口から、「結局はお金で解決するのか」という批判が出ることもあります。

口先だけで物事を解決しようとする人々の中には、お金というものを賎しいものだと考え、忌み嫌う人がいます。正直のところ、わたし自身にもそのようなところがないとはいえません。例えば、推理小説のベストセラー作家よりも、売れない純文学作家の方が、文学としては評価できる、という考えを、否定できずにいます。

これは売れない作家の痩せ我慢みたいなものかもしれませんが、生きていくための最低限の収入さえあれば、あとは書きたいものを書いていればそれで幸福である、という考え方があることは事実で、売れている作家の方が偉いということはないと思います。

話が横道に逸れました。べつにベストセラー作家が邪悪なことをしてお金を儲けているわけではないので、お金というものを嫌悪する必要はないのですが、多くの作家は、お金には無頓着です。というか、少なくとも、お金のために書いているわけではないというポーズをとっています。

ですから、わたしも補償金にこだわる必要はないと思っているのですが、口先だけで著作権を尊重されても意味がないとも考えています。現在、文化庁がパンフレットを作って、著作権についての教育をしているとのことですが、どれだけ実効があるかは怪しいものだと思います。必要な手続をとって、ちゃんとお金を払う。そういう体験をすることによって、著作権を利用するためには、許諾を求め、使用料を払う必要があるのだということを、身をもって知るということがなければ、本当の学習にはならないのではないでしょうか。

わたしは、法外な金額を求めようとは思っていません。ただし、データベース的な使い方まで認めると、パソコン内に蓄積された文字情報や映像などを、多くの先生方がご利用になるでしょう。そうなると、複製の件数も大幅に増えることが予想されます。

複製権というものは、著作者がもっているだけでなく、作品を出版する場合には、出版社に出版権を与えて、複製作業の代行を委託することになりますから、当然、出版社にも複製権があります。教育機関における複製は、出版社の複製権を侵害することになりますから、補償金は出版社にも支払われなければなりません。

具体的にどういうかたちの補償金システムを構築するかは、これからの課題ですが、すべての複製について、事前に許諾を求めることは不可能といっていいでしょう。しかし、どのような複製が制作されたのかという具体的な情報がなければ、補償金を分配することができません。

具体的な思案

わたしの試案をお話しすると、教育機関の現場においては、とりあえず自由に複製を作っていただきます。その上で、制作した複製の内容、つまり、書籍や雑誌のタイトル、出版社、著作者、プリントやコピーのページ数と、複製の部数などを、一定の書式の用紙に記載していただき、これをまとめて郵送していただきます。

そのようにして送られてきた用紙を処理するセンターのようなものが必要ですが、これは出版社と著作者が共同で設立すればいいでしょう。多くの先生方がパソコンが使えるという状況であれば、用紙への記入ではなく、専用のソフトにパソコンで入力していただければ、事務処理はもっと簡略化できます。

この場合、現在の著作権法で認められている、担任教員による五〇部以下のコピーについても報告していただきます。現在の権利制限の条項に関わりなく、すべての複製について、使用状況を報告していただくことになります。

また、現在は法律違反になるデータベース的な使い方がオーケーになるからといって、すべての複製がオーケーになるというわけではありません。いくつかのルールを設ける必要があります。というのは、教育機関の公共性を考え、補償金の額は低めに設定しないと、国や地方自治体が認めるものにならないでしょうし、この補償金で、出版社の損失が完全に補償されるものではないからです。

一冊の本をまるごとコピーするとか、教材として市販されている資料集やドリルのコピーは、出版社の死活を制する複製になりますから、禁止事項に加える必要があるでしょう。しかし、志賀直哉の短篇を副教材として使用する、といった程度のコピーは、認めていいのではないかと思います。

なお、映像ソフトに関しては、たとえＮＨＫの教育番組だとしても、制作の担当が別のプロダクションである場合が多く、権利関係が複雑になっています。わたしの提案は、いまのところ、紙にプリントされるものに限定したものだとお考えください。また、あくまでも授業の中で使用されるものに限ります。授業外のクラブ活動は除外する必要があると思います。

お金はどうやって払うのかというと、コピー一枚につきいくらという計算方法にすると、予算が気になって、先生方が自由に複製が作れないということになるおそれがありますので、むしろ事前に基金のようなものを設立して、あとは自由に使っていただいた方がいいと思います。つまり電話やインターネットの月極契約のようなものです。

例えば年間の契約で、生徒一人あたりいくらという計算をして、都道府県単位で教育委員会に基金を拠出していただき、前述の現場からの報告を集計して、基金を出版社と著作者に分配する。生徒一人あたり、いくらいただけばいいのか、いまのところ具体的なプランはありませんが、文庫本一冊よりも安い値段に設定して、それだけの基金で副読本や教材が自由に作れるというのであれば、先生方からも不満は出ないと思います。

現在もまだ教育関係者との交渉は継続中ですが、補償金制度について検討するということは、すでに合意が成立していますので、具体的な制度の確立に向けて、確実に一歩前進したという手応えは感じております。

というわけで、教育機関における複製の問題は、解決の方向に向かっています。

わたしが権利制限の三大問題に挙げた、教科書、教育機関の複製、図書館の貸出のうち、教科書はすでに補償金制度が実施され、教育機関の複製も、補償金制度の実現に向けて、具体的な話し合いが進行しています。

図書館における補償金制度

最後に残ったのが、図書館の問題です。

さてそこで、図書館における権利制限が記された著作権法第三八条「営利を目的としない上演等」を詳細に検討することにしましょう。

この第三八条には、第1項から第5項までの項目があります。

第1項は、無料の上演についての権利制限です。学校における学芸会とか、素人演劇、ピアノや歌の発表会のようなもので、入場料をとらず、出演者も出演料を貰わず、さらにスポンサー企業の宣伝などに利用されない、まったくの無償の催しに関しては、著作権使用料を払わなくていいことになっています。

ここで気をつけなければならないのは、学芸会で童謡などを歌う場合は、著作権が存続しているものでも権利制限になるのですが、その様子をビデオにとって、ホームページに掲げる場合は、著作権フリーではないということです。ホームページの場合は、公衆送信にあたりますし、送信可能化権が関係しますから、ここに書かれている権利制限の範囲外になってしまいます。

第2項と第3項は、地方の町や村に設置された無償の放送や有線放送の規定ですので、ここでは割愛します。

問題となるのは第4項です。その部分を引用します。

4　公表された著作物（映画の著作物を除く。）は、営利を目的とせず、かつ、その複製物の貸与を受ける者から料金を受けない場合には、その複製物（映画の著作物において複製されている著作物にあっては、当該映画の著作物を除く。）の貸与により公衆に提供することができる。

映画を除外するために、やや文章がわかりにくくなっていますが、要するに、図書館ではタダで本を貸していいということが、ここに書かれているのです。では、当の映画の場合はどうなっているのかというと、それは次の第5項に書かれています。

5　映画フィルムその他の視聴覚資料を公衆の利用に供することを目的とする視聴覚教育施設その他の施設（営利を目的として設置されているものを除く。）で政令で定めるものは、公表された映画の著作物を、その複製物の貸与を受ける者から料金を受けない場合には、その複製物の貸与により頒布することができる。この場合において、当該頒布を行う者は、当該映画の著作者又は当該映画の著作物において複製されている著作物につき第二十六条に規定する権利を有する者（第二十八条の規定により第二十六条に規定する権利と同一の権利を有する者を含む。）に相当な額の補償金を支払わなければならない。

これもカッコ書きがあってわかりにくい規定ですが、簡単に言えば、レンタルビデオなどのような有料ではなく、図書館の貸出のような無料の場合は、「相当な額の補償金」を支払えば、貸出をしてもいいということです。

映画の場合は、著作権は制作者、すなわち映画会社にあるということになります。なお、ヨーロッパでは映画の著作権は、監督やシナリオライターに与えられていますが、アメリカと日本においては、著作権の財産権の部分は、映画会社が専有することになっています。

映画の著作権が映画会社にあるというのも、考えようによっては奇妙な話なのですが、それはまた別の問題です。ここではとにかく、映画だけが特別扱いになっているということだけを念頭においていただければと思います。

映画が特別扱いになっている理由は、すでにお話ししましたが、映画がフィルムという形態でしか存在しなかった時代には、映画館で上映するというかたちでしか、映画を観ることができなかったからです。そのため、フィルムを譲渡するのか貸与するのかに関係なく、上映権とセットになったフィルムの配給を、「頒布」という言葉で示すことになったのです。

これがビデオテープやDVDという手軽なソフトになった現在でも、あくまでも頒布という言葉が使われています。わたしたちがビデオを購入する時は、個人の自宅のテレビなどで上映することだけが許されるという、限定つきの頒布になっています。テープそのものを中古店に譲渡しても、これには上映権がついていません。したがって、法律的には、中古品販売店は、ビデオテープを販売することはできないのです。

映画にはこういう特権が付与されているため、ビデオテープを図書館で貸し出す場合も、ただテープを貸し出すだけでなく、「貸与により頒布する」ということになるのです。「頒布」の場合は、テープそのものを借りただけでなく、そのテープを自宅で見ることができる権利も与えられたということになります。というわけで、テープを借りた人は、自宅でちゃんとテープを見ることができるのです。

そして、映画だけが補償金の対象となるのは、まさにこの「頒布」に対して補償金が支払われていると解釈することができます。

このように、映画だけは特別扱いされているのですが、とにかくテープの貸出に対して、補償金が支払われていることは事実ですし、文化庁も、このビデオテープ等の貸出を、「公共貸与」の一種であると認めています。つまり映画には、「公共貸与権」による補償金制度がすでに確立されているのです。

それでは、実際にどのような形で補償金が支払われているのでしょうか。補償金の金額やシステムについて、著作権法に細かい規定が書き込まれているわけではありません。「相当な額の補償金」としか書かれていないのです。

この種の補償金は、払う側と受け取る側が話し合いで決めればいいことになっていますが、話し合いでまとまらない場合には、文化庁が指導をする場合もあります。この映画著作物の場合は、文化庁の指導で、「ライブラリー価格」というものが設定されました。

具体的に言うと、教育的な作品については定価の二倍、その他の一般的な作品の場合は定価の三倍の金額で、テープを図書館が購入することになっています。つまり、通常の定価に上乗せするかたちで補償金を支払うわけですから、補償金だけを抜き出すと、教育的な作品は定価と同額、一般の作品は定価の二倍が補償金だということになります。

こういう細かい指摘は、実際にはあまり意味のあるものではありません。「著作者はその複製物の貸与により公衆に提供する権利を専有する」ということになっていますが、映画の著作権は映画会社のものですから、販売価格と貸与による補償金とをとくに区別する必要もないのです。

書籍にも補償金制度を

もしも仮に、書籍についても同じようなライブラリー価格による補償金制度を導入するのであれば、定価と補償金とは、はっきりと区別する必要があります。例えば定価と補償金が同額だとすると、定価の中の著作権使用料は一割程度にすぎませんが、補償金は原則として、貸与権を専有している著作者に全額が支払われるべきものだからです。

ご覧いただいたように、著作権法では、映画にだけ特権が与えられています。これは、映画館でフィルムを投射して上映するという、過去の時代の発想によって与えられたものです。もちろん現在でも、映画館で映画は上映されていますが、ビデオテープやＤＶＤも普及し、多くの人々が日常的に利用しています。テープやディスクという、商品として販売されるものにまで「頒布権」を適用するのは、時代遅れの因襲というべきでしょう。

逆に言えば、書籍にも、映画と同様の権利が与えられるべきです。多くの場合、このソフトは購入すると、パッケージに規約が表示されていることがあります。パソコンのソフトを購入した人が個人的に使うことだけを認めるもので、コピーをしたり、転売してはいけないといったことが書かれています。そして、パッケージの封を切った場合は、購入者がこの規約を承認したものと判断するといったことも書かれています。

これは一種の契約書です。物品の譲渡はすべて契約によって成り立っています。ふつうは代金を払って品物を受け取った瞬間に、契約は終わってしまうのですが、不具合があっても返品には応じないとか、一年間は無償で修理するとか、そういった契約が付随している場合もあります。法律に細かい規定がなくても、売買の時に契約を結べば、メーカーと利用者の間に、細かい取り決めを設定することができます。

わたしは書籍の場合も、パッケージのどこかに規約を書き込んで、購入者との間に取り決めを設定すべきだと考えています。本というものも、映画と同様、購入した読者が自分で読むというのが原則です。確かに古書店というものは以前からありましたが、現在のように、新古書店のチェーンがいたるところにあるような状況は、以前には想像することもできませんでした。状況が変わったわけですから、読者との間に、新たな規約を設定すべき時期が来ているのではないかと思います。

本の転売を禁止するとか、有償の貸出はもとより、公共図書館の無償の貸与も禁止する、というような規約を購入者との間に取り交わすことも可能なはずです。

実は、有償の貸出（レンタル）については、現在、法律の改正が検討されています。すでにお話ししたように、著作権法には「貸与権」というものが設定されています。公共図書館の無償の貸与については、「権利制限」の中に組み込まれて、いまのところは貸与権が及ばないことになっているのですが、レンタルの場合はこの限りではありません。

その代わりにレンタルについては、附則の第四条の二というところに、「書籍等の貸与についての経過措置」という項目があります。

新法第二十六条の三の規定は、書籍又は雑誌（主として楽譜により構成されているものを除く。）の貸与による場合には、当分の間、適用しない。

文言としてははっきり書かれているように、あくまでも「経過措置」ですから、しかるべき状況の変化や年月の経過があれば、この附則は削除されるべきものです。

貸与権の条項は、一九八四年に新たに追加されたものです。これはレンタルレコード店の発達に対応するために定められたもので、当時は零細な貸本屋しかなかったので、この経過措置が附則に書き込まれたわけですが、現在では、レンタル・ビデオショップで漫画の貸出が実施されるようになり、明らかに状況が変化しています（つい最近レンタルショップで書籍の貸出も始まりました）。

現在、コミック作家や出版社が、この附則をとるための請願を経済産業省に提出しています。レンタル業界の実態を調査したり、既存の零細な貸本屋さんと話し合うなど、法律改正（附則の削除）のためには、準備が必要ですが、わたしも委員として加わっている著作権分科会や、その下部の法制問題小委員会で議論されることになるでしょう。

この法律改正が実現し、レンタル業者が著作権使用料を払うようになった時に、近くの図書館で、同じ本が無償で貸し出されている、という事態になれば、レンタル業者から不満の声が上がることになるかもしれません。レンタル業者が扱うのは、漫画と、漫画雑誌、それに推理小説などのベストセラー本だけだろうと思われますので、一般の書籍には影響はないでしょうが、図書館が複本を置いている書籍と、レンタル本とは、そっくり重なるはずですから、そこでまた複本問題が議論されることは間違いありません。

9 図書館をめぐる議論の進展

この本の残りページ数も少なくなってきました。実はこの本を書いている間にも、図書館との話し合いは進んでいます。しかし、議論が順調に進んでいるとはいえません。この本を出す段階になっても、まだ議論は停滞を続けていることでしょう。ですから、この本の最後に、明解な結論みたいなものを出すことはできないのですが、わたしなりの展望を記して、この本をしめくくることになるでしょう。

著作権問題とわたし

わたしが文藝家協会の著作権問題の責任者を担当するようになったのは、いまから四年前の一九九九年のことです。

長く日本文藝家協会の理事長を務めてこられた江藤淳さんが、亡くなられる直前に、おそらく身辺を整理しようとお考えになったのでしょうが、理事長を退任されました。そのおりに、わたしを常務理事と知的所有権委員長に任じるように、ご指名されたそうです。

これはわたしにとって、青天の霹靂でした。「知的所有権って何?」と思いました。これが主として（文芸家の場合）著作権のことだとはすぐにわかりましたが、著作権がいまの社会の中で、どのような意味をもっているのかということも、よくわかっていませんでした。

とにかくご指名を受けたので、引き受けることにしたのですが、すると書記局の人に、知的所有権委員長は、文化庁の著作権審議会（現在は著作権分科会）の委員になるのだといわれ、いきなり会議に加わることになりました。

当時は、「著作権等管理事業法」という新しい法律を制定するための議論が終盤にさしかかっていましたが、いきなりその議論の渦中に放り込まれたのです。話の途中から参加したので、最初は何のことかわからなかったのですが、二時間ほどの議論を聞いているうちに、この法律が実現すると、困ったことになるなと直観しました。

この本のテーマとは関係のないことなので詳述はしませんが、管理事業というのは、映画やテレビの原作として使用されたり、国語の問題文として転載されるなど、著作物の二次的な利用の斡旋、仲介、代理などをする業務のことです。

旧い法律（著作権ニ関スル仲介業務ニ関スル法律）では、一業種につき、一つの団体が独占的に仲介業務を行なうことと定められていました。著作権の信託を受けて業務にあたる組織は、公的なものでなければならず、一般の業者には任せられないという考え方が、背景にあったものと思われます。これを規制緩和して、民間業者の参入を許すというのが、新しい法律の基本的な考え方です。

規制緩和といえば聞こえがいいのですが、著作権の管理事業には、世のため人のためにやらなければならない、公益性というものがあります。一般業者の参入を許すと、一部の流行作家だけをさらわれてしまい、公益性の部分がおろそかになるのではないかと懸念されました。

わたしは慣れない会議の席でしたが、文芸家の代表として送り込まれている責任感から、声を大にして懸念を表明しましたが、そうすると二度ほど、個人的に文化庁に呼ばれて、あれこれと説明を受けました。これは要するに、「根回し」というもののようで、この種の会議は全会一致でないと結論が出せず、一人で最後まで反対しているわたしを何とかしなければならないということだったようです。

結局、わたしの懸念に対して、文化庁もできる限り対応するということでしたので、最終的にはわたしも、この法案の提出を認めるしかありませんでした。

何となく、よくない予感がしたのですが、結果的にはこのことが、わが身に跳ね返ってくることになりました。

というのも、文芸部門の組織として、これまで著作権保護の仕事を担当していた、社団法人日本文芸著作権保護同盟が、これまでのような独立採算の事業を継続することが困難であると表明し、解散せざるをえないと言いだしたのです。

解散ということになると、人気作家の管理業務には、出版社などが喜んで乗り出してくるでしょうが、多くの文芸家の著作権を保護するという、大切な業務を担う組織がなくなってしまいます。

そこで、日本文藝家協会が、保護同盟の仕事を継承することとなりました。もともと保護同盟は、文藝家協会が作った組織なので、もとに戻ったというべきなのですが、完全に別の社団法人になっていたものを、吸収合併するのは、大変な作業です。その作業をやるのは、著作権問題の責任者をしているわたしというわけですから、法律制定の第一の被害者は、わたしだったわけです。

さすがに文化庁も、責任上、引き継ぎの手続について、懇切丁寧なアドバイスを出してくれています。それで何とか、新しい体制づくりに取り組んでいるのですが、いまこうして図書館問題の本を書くかたわらで、新しい管理組織の契約書の雛形を作ったり、契約についての説明書を書いたり、管理事業を継承するにあたってのさまざまな文書を、すべてわたしが揃えなければならなくなっています。

まあ、こんなところで愚痴を言っても仕方がないので、図書館の問題に戻りましょう。

権利制限の拡大と縮小

著作権等管理事業法の法案がまとまると、著作権審議会は次の議題に移りました。著作権というのは、文芸の世界だけの問題ではなく、音楽や美術、写真、コンピュータのプログラム（ゲームを含む）など、さまざまな問題が関わっています。文芸とは関係のない問題が議論される時は、わたしも「有識者」の一人として、客観的に議論に加わることができるのですが、やがて、文芸著作権に関わる重大問題が提出されました。

教育関係者と、図書館関係者から、「権利制限の拡大」というテーマが提出されたのです。これが二〇〇〇年のことです。正直のところ、当時のわたしは、「権利制限って何？」という状態でした。しかし議論が始まってみると、ただちに了解しました。権利制限とは、権利の剥奪です。よくこんなテーマがはびこっているものだと思いましたし、平気で権利の剥奪を求める関係者の良識を疑うことにもなりました。

教育関係者も、図書館関係者も、公務員です。つまり、お役人です。どうも日本のお役人というのは、民主主義というものがいちばんわかっていない人々なのではないかと思います。文化庁の人たちは、わりとリベラルなのですが、地方公務員というのは、江戸時代の封建制度の上に、そのまま近代的な政治システムがかぶせられたような感じで、「お代官さま」「お役人さま」といった発想がしみついているようです。

教育関係者は胸を張って、著作物のデータベース的な使用を認めてほしいと要求します。学校の活動には公共性があるのだから、著作物の使用にお金を払う必要はないと、頭から信じ込んでいるようなのです。ですから、わたしが「お金をください」と言うと、初めのうちは、キョトンとしていました。それから居丈高に「公共性」を口にするようになりました。これには文化庁の方が、「公共性のために税金を投入するのが公共事業である」と助け船を出してくれるほどでした。

とにかく、教育、図書館関係者の主張は独善的で、著作権を尊重しようという姿勢がまったく見えないものでした。これは大変な人々を相手にしていると、わたしは当初は緊張しましたが、文化庁のお役人は、諸外国の実情をご存じなので、民主主義国における著作権のありかたというものを、最初から理解されていましたから、こちらの主張にも耳を傾けていただけました。

議論が始まった時には、「権利制限の拡大」というテーマしかなかったのですが、そもそも権利制限などというものが存在することが不当なのだとわたしが主張し、相手が「権利制限の拡大」を求めるなら、こちらは「権利制限の縮小」を求めたいと発言しますと、「権利制限の縮小」などと言った人はあなたが初めてだ、などと言われたのですが、やがて、「教育」と「図書館」

の問題についてのワーキンググループという、討議のためのプロジェクトが組まれた時には、「権利制限の拡大と縮小について」というテーマに改められていました。

この「ワーキンググループ」というのは、著作権分科会の下部の審議会として、文化庁の主催で実施されたものです。関係者だけでなく、大学の先生など有識者をまじえて議論が続けられましたが、二〇〇一年の一年間を費やしても議論が平行線をたどったので、翌年の二〇〇二年には、有識者を除外し、関係者だけの小規模な「協議会」というものに移行しました。

この「協議会」では、教育、図書館の双方において、「補償金制度についてさらに協議を続ける」という中間報告が出され、この報告は著作権分科会にも伝えられて、承認されました。現在は、文化庁の手を離れて、関係者が自主的に協議会を続けるということになっているのですが、文化庁という「行司」がいないと、双方が言いたいことを言うばかりで、議論がなかなか先に進みません。この原稿を書いている段階でも、話し合いは暗礁に乗り上げたままです。

教育、図書館の双方において、「補償金制度についてさらに協議を続ける」という中間報告が出され、その報告の内容については、教育、図書館の関係者も諒承しているのですが、同じような結論になっているといっても、そこには若干の温度差のようなものがあります。

教育関係者の主張　教育の方は、データベース的な利用を実現したいという強い要望があります。そして、その種の利用が、現行の著作権法では違法であるという認識もあります。

わたしからすると、学年で統一した資料を配ったり、実力テストのようなものを作ることも違法だということになりますし、そもそもクラス五〇人以下のプリントが権利制限になっていること自体、ガリ版刷りの時代の法律であり、現在のプリンターやコピー機の性能を考えれば、著作者の基本的人権が踏みにじられていると言うしかありません。

そこまでの議論になると、見解の相違を簡単に埋めることはできないのですが、データベース的な利用が違法であるということは、疑いのないところですから、教育関係者としては、弱味をもっていることになります。

教育の関係者は、当初は「権利制限の拡大」という主張で押しきれると考えていたようですが、わたしが「縮小」を要求し、文化庁は中立の「行司」ではあったのですが、このままの状態では「拡大」はとても無理だという認識はもっていただけたようです。そこで、データベース的な使用が認められるのなら、補償金を払ってもいい、というふうに、主張が少しずつ変わってきたのです。

協議というものは、双方が一方的に主張するだけでは、話が前に進みません。お互いの要求に耳を傾け、論理的な正当性を考慮しながら、実情にも配慮し、譲るべきところは譲り合って、互いに歩み寄る姿勢を示さないと、話をまとめることはできないのです。

わたしの方も、譲るべきところは譲っています。例えば、教育現場における生徒のコピーについては、権利制限拡大の要望に応じました。生徒が自主的に学習に取り組むというのは文部科学省の方針ですし、一方的な詰め込み授業からの脱却という点では、評価できる試みです。著作権の制約がネックになって、生徒たちの自主発表ができなくなるようでは困ります。ですから、この点に関しては、拡大の要求を認めました。

その代わりに、補償金制度については、従来は権利制限の範囲であった少部数のコピーについても、補償金の対象としていただきたいと主張し、この点は関係者の諒承を得ています。具体的な制度の確立については、これからの話し合いになりますが、教育機関における複製の問題については、確実に、補償金制度の実現に向けての一歩が踏み出されたと見ていいでしょう。

図書館における コピーの問題

図書館の方は、そうはいきません。図書館の無償貸出は、現行法では権利制限とされていて、合法的です。図書館におけるコピーに関しては、一部の図書館で非合法なコピーが行なわれているという実態はあるのですが、大きな問題ではありません。したがって、図書館側は、教育関係者のような弱味をもっているわけではなく、自分の方から何かを譲ろうというような姿勢は、最初からもっていないのです。

図書館側からの権利制限拡大の要求は、いくつかありましたが、映像関係のものなど、わたしとは直接の関係がないものを除くと、次の三点です。公共図書館における録音図書の作成。利用者へのファックス送信、それに、図書館におけるコピーの問題です。

公共貸与権の問題とは直接にはつながらない項目なので、簡単に触れておきます。まず録音図書の作成について。日本点字図書館など福祉施設で録音図書を作ることは、権利制限の対象となっていますが、一般の公共図書館で録音図書を作成する場合には、これは著作物の複製にあたりますので、著作者の許諾が必要です。

著作者の中には、作品を朗読されることを拒否する人もいますし、読み間違いなどがあると、著作者人格権の侵害にもなります。もちろん、ふつうの本を読むことができない視覚障害者にとって、録音図書によって本を読む（聞く）ことは、障害者にとっての基本的人権というべきでしょう。ここでは、著作者の人権と、障害者の人権がぶつかりあうことになります。

そのことは理解できますし、わたし個人としては、福祉目的の利用については、著作者は社会的な責務をもっていると考えています。単に「朗読されるのはいやだ」というような恣意的なもので録音の作成を拒否することは、モラルとしても考え直す必要があるのではないかと思います。

とはいえ、権利制限というものが、著作者にとっては人権の剥奪になるという点を考慮すれば、福祉目的だからといって、法律を改正して権利を剥奪するというのも、いささか乱暴で、全体主義的なやり方ではないでしょうか。われわれが暮らしているのは民主主義の社会ですから、話し合いで解決できる方途があるはずです。

これについては、従来からある視覚障害者のための福祉目的の利用を認める「アイマーク」や、最近、文化庁が定めた「障害者のための非営利目的利用OKマーク」を書籍の奥付に付けることで、大部分は対応できると思います。いまのところ、マークをつけたものはあまり見られませんが、これは出版社の認識不足が原因だと思われますので、図書館と著作者が共同で、マークの普及を働きかけることで、改善の方向に進んでいきたいと思います。

しかし、今後マークが普及したとしても、過去に出版された書籍にはマークがついていません。過去の名作を朗読してほしいという要望もあるでしょう。これに対しては、先にお話ししたように、日本文芸著作権保護同盟の業務を継承して、著作権の管理事業にあたる日本文藝家協会の著作権管理部で、一括して著作者の許諾をとり、NPO法人日本文芸著作権センターの広報活動を通じて、福祉関係者や図書館関係者に、朗読オーケーの著作者のリストをお伝えしたいと考えています。

ファックスについては、文芸作品についてはあまり問題は生じないと思われるのですが、医学書や理化学書の場合、図表やデータだけが価値をもつ場合があります。そういうもののファックスを図書館に申し込み、送信をパソコンのファックス機能で受け取ると、それだけでパソコン内にデータベースができてしまいます。受け取った人がそれを何らかの形で活用することが考えられますし、データがパソコン内に保存されているということは、当然ながら、「送信可能化」の状態になっているということです。

いずれにしても、公衆送信権、送信可能化権の侵害になりますから、簡単にオーケーを出すわけにはいきません。これが図書館と別の図書館との間のファックスで、そのファックスを紙にプリントした形で利用者にお渡しするということなら、権利の侵害にはあたらないと思われるのですが、パソコンのファックス機能などという新しいものが出現したために、話がややこしくなっています。

必ず紙にプリントされて、その場で送信された情報は消滅してしまうというような、従来のファックスなら、このような懸念は起こらないはずですが、機器が便利になったために、著作権の問題はどんどん複雑になっていくことになります。繰り返しますが、教育機関における複製の問題も、謄写版（ガリ版）しかなかった時代には、何の問題も生じなかったのです。

図書館におけるコピーについては、個人が自分のコピー機で私的にコピーを作る場合と違って、コピーをしてはいけないという条件がいくつかついています。本をまるごと一冊ぶんコピーすることはもちろん禁止です。規定では、単行本の場合、全体の一部分だけならいいということになっています。この「一部分」とは何かというのが問題ですが、慣行として、図書館側は「半分以下」と解釈しているようです。

また、「刊行後相当期間を経過した定期刊行物に掲載された個個の著作物」なら、その著作物の「全部」をコピーしてもよいことになっています。簡単にいえば、週刊誌にしろ月刊誌にしろ、新しい号が出ているものについては、その古い号の記事の全体をコピーしてもいいということになります。

ただし、文芸雑誌などでは、単行本一冊ぶんの長編小説が、一挙掲載されることがあります。このように、本一冊ぶんに相当するような長いものは、図書館の職員が注意をするようになっているはずです。

いずれにしても、コピーをするのは図書館の職員であって、利用者が勝手に、コインやカード式の自動コピー機を使ってコピーをとっていいというわけではありません。そうでないと、前記のような条件が守られているかどうかを、チェックすることができないからです。

実際には、多くの図書館に自動コピー機が設置され、条件が厳密に守られているとはいいがたいのですが、逆に、ちゃんと条件を守ってくださっている図書館で、利用者の方が、なぜコピーしてはいけないのかと、職員に文句を言う場合も多いようです。

最近は、本の刊行点数が多く、大きな書店に行っても、数年前に刊行された書籍などは、手に入りにくくなっています。小さな書店では、刊行後一ヵ月もすると、店頭から片づけられて、版元に返本されるケースも少なくありません。

インターネットの本屋さんで買ったり、インターネットで調べてから近くの本屋さんに注文するなど、入手しようとすればそれほど困難ではない場合もあるのですが、売れ行きが止まった本は在庫を整理して、早めに絶版にしてしまう出版社も多いのです。

絶版になった本は、古書店で探すしかありません。図書館でそうした本を見つけると、お金を払ってもいいから、全体をコピーさせてほしいと申し出る利用者もいるようです。

また、複写権センターが設立され、企業内のコピー機でコピーをとると、所定の料金が徴収されるようになりました。とくに医学書や理化学書などは、高額の料金をとられることになります。しかし図書館でコピーすれば（一部分であれば）、コピー機の使用料をとられるだけで、著作権に対しては、タダでコピーをとることができます。このことも、一種の矛盾点として、問題にされるようになりました。

ヨーロッパでは、図書館におけるコピーに課金するようなシステムが確立されている国も、少なくありません。国内の利用者からも、有料にすべきだという声が上がっています。図書そのものを無償で貸し出すというのは、図書館の理念ですが、コピーについては、有料にしてもいいのではないかという意見もあります。

しかし、最近は、書籍の値段も高くなりました。昔はコピー機の使用料が高く、本一冊ぶんをまるごとコピーすると、コピー代の方が高くついたものですが、いまはむしろ、コピーの方が安くなっているケースもあるようです。タダでコピーをとられたのでは、著作者としても困

ります し、出版社にも損害が生じることになりますが、図書館におけるコピーを有料にして、出版社や著作者に適正に配分するシステムが確立されてもいいのではないかという気もします。いずれにしても、この問題については、図書館関係者、利用者、著作者、出版社、学会なども交えて、慎重な議論がなされるべきでしょう。

ここまで述べてきた議論は、ワーキンググループでも、協議会でも、繰り返し論争されてきたものですが、まだ明解な結論が出るところまではいっていません。今後も議論が重ねられ、試行錯誤が続いていくだろうと思います。

公共貸与権についての議論

さて、いよいよ公共貸与権の問題ですが、これについては、何年もかけて慎重に議論をするというような性質のものではなく、早急に対策が立てられるべきでしょう。なぜなら、一部の著作者や出版社は、図書館の複本の問題で、実害を受けていると主張しているからです。

ここで改めて、この問題をめぐる議論の経緯について、整理をしておきましょう。

前述の図書館側からの権利制限拡大の要求に対して、わたしの方も、「縮小」の要求を出さねばならないと思いましたが、当初は、どういうかたちで要求を出せばいいのか、わたしも充分なプランをもっていたわけではありません。

最初にわたしの念頭にあったのは、電子図書館の問題です。すでに新潮文庫のCD化というものが実現していました。これは文庫になっている名作百点を、デジタル写真で撮影して、パソコンの画面で読めるようにしたものです。文字情報をデータとしたものではありませんので、それほど見やすいものでもありませんし、自分で見やすいかたちにレイアウトするといったこともできないものですが、このやり方なら、ページの写真を撮ればいいのですから、すべての本を、イメージ写真として電子化することが可能です。

極端に言えば、国会図書館に納本されている本のページをすべてデジタル写真に撮ってファイルとして保存すれば、インターネットを通じて、全国の図書館に送ることもできますし、国会図書館がそれをインターネットに掲示すれば、全国の利用者が、自宅のパソコンで、あらゆる本を読むことができます。

これこそが、窮極の電子図書館といっていいでしょう。

もちろん現実の問題としては、そのようなことは不可能です。写真に撮るということは複製を作ることですから、複製権の侵害になります。インターネットに掲示すれば公衆送信権と送信可能化権を侵害します。

ですから、現状の法律では、このような電子図書館は、夢物語です。それに、当時はまだブロードバンドの時代ではなかったので、イメージの画像（電子写真）をインターネットを通じてパソコンに取り込むのには時間がかかりました。ページをサッとめくるというわけにはいかなかったのです。パソコンのハードディスクの容量も限られていましたから、イメージの画像を大量に保存することも負担でした。しかしここ二年ほどのパソコンの進歩で、技術的な問題は解決されています。

欧米の大学図書館には、電子図書が整備されています。シェークスピア全集などは、世界中の誰でも、簡単に読むことができます。学術書の類も、著作権の切れているものは文字データ化されて揃っていて、大学外の人でも読むことが出来ます。インターネットを通じて、世界中の図書館の蔵書を、自宅に居ながらにして読むことが、やがては可能になるでしょう。

これは理想の読書といってもいい状態ですが、あらゆるものがタダで読めたのでは、著作者が生活できなくなります。あくまでも、著作権の切れたものという前提で、話を進めなければなりません。しかし一方では、お金を払ってもいいから、パソコンなどの端末で著作物を読むことができれば、という夢を抱いている人もいるはずです。

すでにアメリカでは、Eブックというものが普及しています。ノートパソコンよりも少しコンパクトな端末を用いて、書籍と同様のコンテンツを読むことができるシステムです。機器を作るメーカーに統一された規格があり、出版社の方に、豊富なコンテンツをデジタル化する意欲があれば、同じようなシステムを日本で実現することも可能です。

わたしは複数のメーカーから、Eブックに類する構想について、アドバイスを求められたことがあります。おそらく、数年もしないうちに、日本の多くの読者が、電車の中で、コンパクトな端末を開いて読書をする、という風景が見られるようになるでしょう。

現在でも、電子化された文学作品はあります。著作権の切れたものについては、青空文庫など、ボランティアによって電子化されたコンテンツがありますので、無償で読むことができます。大手出版社が作った電子文庫パブリという有償のサイトもありますが、これは原則として、絶版になった文庫の内容を電子化したもので、こちらも過去の作品といっていいでしょう。

いまのところ、人気作家が次々と書き下ろしの新作を電子化されたコンテンツとして読者に送り出すという状況ではありません。しかしEブックの日本版が普及すれば、書き下ろし作品の電子化が実現するでしょう。もしかしたら、新刊書は電子版だけで、紙に印刷された本は、少し時間がたって、文庫化されるのを待たなければならないというケースが出てくるかもしれません。

さて、こんなことを考えてみましょう。電子化された書き下ろしの作品があって、端末をもっていない人には作品が読めないという状態になっていたとして、読者が図書館に対して、電子化された作品を読みたいという要望を寄せたとしたら、図書館はどのように対応するでしょうか。

図書館にはすでにパソコンが設置され、多くの利用者がホームページなどを見ることができるようになっています。

有料のコンテンツについては、図書館の端末を借りて操作している利用者には、お金を払うことができませんから、読むことはできません。

では、図書館がお金を払って、有料のコンテンツをダウンロードして、図書館のパソコン内に置いている場合はどうなるのでしょうか。利用者は、タダでそのコンテンツを読むことができるわけですが、これではコンテンツを準備した出版社や著作者にとっては、コンテンツの創作や整備に対応した充分な報酬が得られたといえません。

図書館の本をタダで読ませるのと、形の上では同じといってもいいのですが、本の場合は、誰かがその本を借りたら、他の人はしばらくの間は読めません。また本は、何十回も読まれると、ボロボロになってしまいます。これが本というものの限界なのですが、電子図書の場合は、作品が図書館のホストコンピュータにあれば、多くの読者が次々に端末に呼び出して同時に読むこともできますし、電子図書は劣化するということがありません。

このように、紙の本と電子図書の間には、大きな差異がありますから、図書館において有料のコンテンツを利用する場合は、図書館がお金を払うことになるでしょう。いわゆるライブラリー価格が導入されることが考えられます。

わたしが問題としたいのは、そこのところです。紙の本はタダで読める。一方、電子図書については図書館がお金を払う。これは何とも奇妙な状況ではないでしょうか。

電子図書が普及する前に、ふつうの紙の本の利用にも、図書館側がお金を払うシステムを作っておかないと、図書館というものの根本システムが揺らぐことになるのではないか。わたしはいまもそう思っていますが、図書館関係者には、そのような危機感はまったくないようです。

10 補償金制度の実現に向けて

課金システムの検討

前章でお話ししたように、わたしが図書館と著作権の問題について考えた出発点は、原理的なものです。近い将来、電子図書が普及した場合には、何らかのかたちで、そこに課金するということが、不可避だといっていいでしょう。そのためには、現在の段階で、紙の書籍についても、何らかの課金システムを検討する必要があります。

その後、世界の情勢を調べてみると、アメリカを例外として、ヨーロッパ諸国では、すでに補償金の制度が実現していることがわかりました。その意味では、日本は後進国だといっていいのです。またヨーロッパ諸国の補償金制度は、文芸文化の保護を目的としていて、流行作家の損失補填という目的とは、少しばかり意味合いが違うということがわかってきました。

一方、日本のマスコミでは、「図書館は貸本屋か」といった論調で、図書館批判が盛んになりました。確かに、図書館によっては、ベストセラーの複本をたくさん置いているところがあります。複本の存在によって損失を受けている作家も少なくありませんし、出版社も大きな損害を受けています。すでにここまでお話ししてきたように、日本の文芸出版社は、一方ではベストセラーの売れ筋商品を生み出しながら、一方では、赤字を覚悟で文芸文化を支えているのです。

このような状況を見ると、日本でも補償金制度の確立を急がなければならないと思う反面、これは簡単なことではないという思いも芽生えました。

なぜなら、文芸文化の保護という側面と、流行作家の損失補填という側面は、必ずしも一致しないからです。この二つの異なる側面を勘案しながら、著作者の側の要求をどのように整理して、図書館関係者に迫っていくかというのも、わたしにとっては難題でした。

推理作家協会の提案

とくに、推理作家協会と、推理小説を出版している出版社の会から、新たな提案をもたらされたために、著作者の要求が一つに絞りきれないという問題が、いよいよクローズアップされることになりました。推理作家協会の提案とは、発売後六ヵ月間の「貸出猶予」を図書館に要望できないかというものでした。

これは複本問題の解決というテーマを、さらに一歩、推し進めた提案です。確かに、本が売れるのは、発売後、半年間が勝負です。先にお話ししたように、書店の店頭に置いてある本は、出版社が置かせてもらっているもので、取次や書店が購入して販売しているものではないのです。そして、その置かせて貰っている本の返却の期限が、六ヵ月ということになっています。

この期間に売れずに返本された本は、出版社の倉庫でデッドストックになるというのが、本の運命です。この期間に、本が売れるかどうかが、出版社にとっても、作家にとっても、生きるか死ぬかの分かれ目なのです。この期間に、図書館に複本が置かれ、多くの利用者がタダで本を読んでしまうということは、本を作っている者にとっては、耐えられないことといっていいでしょう。

映画の場合、映画が封切館で上映されている間は、ビデオは発売されません。また、封切後、一定期間が経過して、レンタルビデオ店にビデオが並んでいる間は、さらに一定期間が経過するまで、販売用の廉価版ビデオは発売されません。このように、封切映画館での上映、レンタルビデオ店による貸出、セルビデオの販売と、時期を少しずつずらすことによって、映画館、レンタルビデオ、販売ビデオにたずさわる業者が、それぞれに営業活動ができるようなシステムが確立されています。

書店で新刊本が販売されている六ヵ月間は、図書館では貸し出さない、というルールが確立されれば、その後は、いくら複本を置いてもらってもかまわないというのが、推理作家協会の提案です。

この提案を聞いて、わたしも、これは複本対策として、有効なシステムの一つではあると感じました。わたしはそれまで、複本をすべて禁止して、一館一冊という原則を守ってもらうことで、ベストセラー作家の損失を、ある程度、防止できるのではないかと考えていました。

確かに、この複本の禁止というシンプルな案では、小さな分館を数多く設置している自治体と、交通の便利な場所に大規模な図書館を一つだけ設置している自治体との間に、不公平感が生じるというデメリットはあります。しかしとにかく、どの館にでも一冊はあるということであれば、どうしてもタダで読みたいという利用者は、出版情報などをこまめにチェックして、早めに予約を入れていれば、順番を待たずに人気作家の本を図書館で読むことができます。

これに対し、推理作家協会の提案では、とにかく発売後六ヵ月間は、図書館でタダで読むわけにはいかないということになります。しかし一方、六ヵ月間、待っていれば、図書館でタダで読めるわけですから、それくらいは待っていただいてもいいのではないかという気もします。ある程度の差別化をはからないと、お金を出して本を買う人がいなくなってしまうのではないかという気がするからですし、推理作家協会の危機感も、そういうところに根ざしているのではないかと思われます。

とにかく、具体的な損失を受けているのは、推理作家など、ベストセラー本を出している作家ですから、この提案には、耳を傾けないわけにはいきません。また、推理小説などのベストセラーで利益をあげる一方、赤字覚悟で純文学の月刊誌を支えているという出版社の実情を考えれば、この六ヵ月間、タダで本を読みたいという読者をシャットアウトすることも、必要な対策ではないかと思われます。

わたしは、現在も継続中の、図書館関係者との協議会の席で、推理作家協会の提案を伝え、公共図書館の館長等、現場を担当されている図書館関係者と、推理作家とが直接話し合える、非公開のディスカッションの場を設けました。

事前に予想されたことですが、議論はまったくかみあわないものとなりました。推理作家の方は、本の売り上げが減少していることを訴え、切実な要求として、六ヵ月間の貸出猶予を提案します。これは必ずしも推理作家の利益を確保するということではありません。お金を払って本を買ってくださる読者の方に、それなりの特典を与えなければ、お金を払って本を読む人がいなくなるという危機感を、推理作家は訴えます。

図書館関係者の見解

一方、図書館関係者の方は、たとえ半年間だけだとしても、図書館で貸し出せない本があるということでは、利用者の要望に応じることができないと主張します。

図書館関係者は、利用者の声を聞く必要があると強調するのですが、公共図書館の利用者とは、どのような人々なのでしょうか。貸出中心でベストセラーの複本を揃えるということを続けてきた図書館には、ベストセラーを求める利用者が集まります。そういう図書館では、レファレンス業務は不十分ですから、純文学や学術書を求める利用者は、その種の図書館は敬遠するようになります。図書館の実情が、その実情に応じた利用者を集めているということですから、利用者の声を聞けということは、そうした図書館の現状を肯定することにつながるのです。出せば必ずベストセラーになるという人気作家の本が、発売直後に、タダで読める。そういう図書館の現状を肯定し、もっと複本を増やしてほしいと要望する利用者は多いはずです。ただ、そうした利用者の要望に応えることは、著作者の著作権や、出版社の出版権を侵害することになります。

確かに、著作権法には「権利制限」の条項があって、図書館がタダで本を貸すことは、合法的です。しかしこの「権利制限」は、現在のような、大量の複本が置かれた状況を想定して定められたものではありません。想定外の状況が発生して、実害を受けていると主張する作家や出版社がいるのですから、この「権利制限」については、根本的な見直しが必要でしょう。

しかし、この「権利制限」が撤廃されて、図書館の貸出に著作者の許諾が必要であるという状況になると、図書館における利用者へのサービスに、支障が出ることになります。そうした事態を避けるためには、図書館関係者と著作者が、利用者の立場と、作家の著作権、さらには日本の文芸文化の将来について、さまざまな角度から検討し、著作者の権利を守りながら、利用者にとっても支障がないような、最適のシステムを模索していく必要があります。

図書館関係者には、そうした問題意識も、危機感も、まったくないようです。このままガンバって時間稼ぎをしていれば、いつまでも補償金を払わずにすむだろうという、きわめて安易な発想しかもっていないように見えます。

わたしはこれまで、図書館に直接、補償金を求めたことはありませんでした。わたし自身が図書館の果たす役割を尊重し、年々資料購入費が削減されつつある図書館の窮状を認識しているからですし、この種の補償金は、国家が基金を作るべきだという理念があったからです。とはいえ、国家による基金の設立というのは、たやすく実現することではありません。

国家基金を作るためには、図書館の協力が必要です。なぜなら、現行の著作権法では、すでにビデオ作品については、公共貸与権が実現しています。法律の改正を最小限にとどめるためには、同じように、図書館から「ライブラリー価格」に準じたかたちで、補償金を支払っていただくというのが、最も合理的な考え方です。

著作者としては、公共図書館の設置者（地方自治体）に、補償金を求めるというのが、正当な道筋というしかありません。ですから、国家基金の設立のためには、図書館や地方自治体が先頭に立って、国家に基金を要求していただくしかないのです。われわれ著作者としては、地方自治体の要求を支援し、動向を見守るということしかできないのです。

わたしたち著作者が、図書館、あるいは図書館の設置者である地方自治体に、補償金を要求し、そこから地方自治体が国に国家基金の設立を要請する。わたしたち著作者はその要請を支持する。そういう手順で、国家基金の設立が求められるべきところを、わたしの方は先取りして、国家基金の設立を、すでに文芸家協会の要望書というかたちで、国に対して表明していま す。しかし本来は、著作権法の条項からすれば、補償金を支払うべきなのは地方自治体なので す。

そのことをご理解いただいた上で、複本問題の解決に取り組んでいただけるなら、国家基金が設立されるまでは、補償金を直接、図書館に求めることはしないというのが、わたしのこれまでの主張でした。

推理作家との話し合いの状況などを見ると、図書館側には、そもそも補償金を払わなければならないという認識が、まったくないようです。

わたしは図書館関係者との交渉を重ねるかたわら、一般の聴衆を招いた図書館問題をめぐるイベントにも参加してきました。図書館関係者が設定したものもありましたし、ペンクラブや書籍出版協会主催のものもありました。シンポジウムやパネルディスカッションの参加者として、多くの図書館関係者と公開の場で討議を重ねてきました。

その種のイベントに、パネリストとして参加される図書館関係者は、どなたも深い見識をおもちの方々でした。話を聞いてみると、自分が勤務する図書館では、複本などは置いていないと断言される方もおられましたし、よほどのベストセラーは別として、原則として複本は置くべきでないと主張される方もおられました。少なくとも、一館に一〇冊以上の複本が存在するといったことは、許されるべきではないと発言される方もありました。

また補償金についても、充分に議論を重ねた上で、実現の方向に向けて推進すべきだと述べられる方がほとんどでした。わたしが直接、言葉を交わした図書館関係者で、図書館は著作者に対して、ビタ一文払うつもりはないと言われる方は皆無でした。

このような公開の場に、発言者として起用される方は、図書館関係者の中でも、見識がある方だと、認められているのでしょう。すべての公共図書館の館長が、このような見識をおもちなら、複本問題などは起こり得ないと思われるほどでした。

しかし、現実に複本問題は存在します。図書館の重点を利用者への貸出に置き、利用者の方々に応えてさえいればいいという程度の認識しかもっていない館長や職員によって、ほとんど無制限に複本を増大させている図書館が、少なくないというのが現実ではないでしょうか。

図書館側の責任体制はどうなっているのか

わたしはすでに三年以上にわたって、図書館関係者と協議を続けてきました。図書館関係者は、おおむね良識のある方々です。ですから最初のうちは、話せばわかっていただけるという思いで、議論を重ねてきました。ところが、最近は、そういう楽観的な気分になれなくなってしまいました。

図書館関係者は、いわば全国の図書館の代表として、協議に参加されているわけですが、議論が核心に近づいていくと、それまでの良識のある、ものわかりのよさそうな態度が急に変貌して、ひどくかたくなな態度になることがあります。そこには、まるで背後霊にでもとりつかれているような、自分の意見ではない言葉を無理に口にしている感じが漂っているのです。

確かに、協議会に代表として送り込まれている人は、個人の意見を述べるのではなく、自らの背後に控えた全国の図書館を代表しているわけですから、最終的には、自分の意見を控えて、代表としての責務を果たす必要があります。とはいえ、協議会というものは、意見の交換によって互いを説得し、何らかの一致点、あるいは妥協点を探るものですから、背後から操られる傀儡《かいらい》であってはならないはずです。議論が煮詰まってくれば、自らの見識によって、時には妥協したり、新たな解決策を提案したり、臨機応変に対応できる能力のある人が、代表として送り込まれているはずなのです。

そうでなければ、協議というものは成立しません。ただ主張をぶつけあうだけで、一歩も引かないというのであれば、協議会など開く必要はないのです。わたしは協議会というものに参加する者の最低限のモラルとして、自分の見識によって意見を述べるということをする必要があると思います。

残念ながら、図書館側の代表者には、そのような見識もなく、また自分の見識によって決断するような権限も与えられていないようです。

図書館というものは、地方分権の建前から、地方の自治体ごとに設立されています。日本図書館協会というものはありますが、それは全国の図書館を指導する立場にあるものではありません。日本図書館協会には何の権限もないというのが実情です。だとすれば、わたしたち著者は、誰に向かって訴えかければいいのでしょうか。

わたしは、良識のある図書館長と、レファレンス業務に対応できるだけの図書に関する知識をもった職員によって、図書館が運営されるべきだと考えていますし、全国の図書館に向けて、主張をしたいと思っています。そのような主張は、あるいは、何の役にも立たないのかもしれません。

図書館の最高責任者は図書館長ですが、図書館長は県や市の職員にすぎません。それも図書館員が年功を積んで館長になるというのではなく、自治体の他の部門の経験者が、責任者として回ってくるというケースが多いのです。職員も同様です。図書館の専門家でない人が、職員を務め、時には館長に任じられるのです。

公共図書館という、共通の理念をもった連合体は存在しません。あるのは、昨日まで水道局長だった、というような人が館長を務める、個々の図書館が存在しているだけです。そういう館長は、ヨーロッパの図書館の実情にも無知ですし、一般のお役人の感覚から、民間人が役所に対して金銭を要求するとは何事かという感じの対応で、とにかくビタ一文払わないというかたくなな態度になるのではないかと思います。

地方の公共図書館というものは、県立のもの、市立、町立、村立のものなど、すべてが独立した機関ですから、図書館の代表などといったものは、本当は存在しえないのです。むしろ図書館関係者ではなく、知事とか市長に直談判する以外に、補償金制度の確立を実現することは難しいのではないかと思われます。

ですから、補償金制度の確立を国に求めてくださいとか、複本問題を何とか解決してくださ い、といった要望を、図書館の代表者に向けて伝えたところで、それが末端の個々の図書館に指令として伝わることはありえないのです。

そんなふうに考えると、わたしはこの三年間の議論が何だったのかと、絶望的な気分になることもありますが、だからといって、立ち止まっているわけにはいきません。わたしがこの本を書いているのも、良心的な図書館員の方や、図書館の利用者の方、さらには日本の文芸文化の将来を真剣に危惧しておられる出版関係者や文学愛好家の皆さんに、少しでも実情を伝えたいと考えたからです。

すでに議論は充分に尽くされたとわたしは考えています。これまでの過程で、図書館関係者の主張と、わたしの主張とは、ただ互いの意見を述べ合うばかりで、議論が深まることはありませんでした。推理作家協会が関わってからも同様で、これからも、議論は対立したまま膠着状態になることは間違いありません。

それでも、実際に損害を受けている推理作家が、声を高めて訴えることは必要だとわたしは思います。また、複本の実態調査のために、図書館関係者に協力を要請することも、大切なことだと思います。そうした試みを通じて、少しでも公共図書館の現場にいる職員の皆さんに、作家の訴えを聞いていただければ、わずかずつでも、現場の方々の認識が変わっていく可能性があります。

そうした地道な活動で、図書館の現場におられる方々のご理解を得ることが、何よりも大切だと思います。

実現にむけた基本プラン

そのことを前提とした上で、今後の展開について考えてみましょう。図書館関係者との協議はいまも続けられています。この本が読者の皆さまのお手元に届いた時点でも、あまり大きな進展はないでしょう。この問題は、今後も長い年月を重ねて議論を続け、少しずつ前進していくしかないと思われますが、しかし例えばイギリスで公共貸与権法が設立された時のように、補償金制度の実現までに三〇年以上もの年月を要するということでは困ります。

補償金制度の早期実現のために、わたしたちにできることは何でしょうか。結局のところ、新しい法律を作るということではなく、現行の著作権法の範囲内で、理想通りとはいかなくても、何らかのかたちで補償金制度を実現し、将来的には、その制度をベースとして、より理想に近い制度に変革していくというのが、最も現実的な方法ではないでしょうか。

これはまだいまのところ、わたしの頭の中だけに存在するプランで、図書館関係者とも、推理作家協会や出版社の人々とも、議論を重ねたわけではないのですが、現行の著作権法で対処するとすれば、こういうやり方しかないだろうという、一つのプランがあります。

基本的なプランは一つですが、実施にあたっては、いくつかの選択肢があります。その点については、関係者と議論を重ねていく必要があるでしょうが、とにかくこの本の結びとして、この基本プランについてお話しすることにします。

現行の著作権法で対処するためには、すでに公共貸与権が実現されている映画作品との隔たりをなくして、「ライブラリー価格」に準じたかたちで、補償金制度を確立するしかありません。ただし、映画やビデオのライブラリー価格のように、定価の二倍とか三倍とかで書籍を購入していただくということではありません。

定価の三倍で本を買っていただくということになれば、公共図書館の年間の資料購入予算に増額がなければ、購入できる本が三分の一になってしまいます。そういうことではなく、まったくべつのやり方があるはずだとわたしは考えています。

具体的に言うと、まず北欧諸国の例にならって、公共図書館の年間の資料購入費（図書購入費）の総額の五％を、補償金の基金として想定します。現在の図書館の資料購入費が約三〇〇億円ですから、その五％といえば、一五億ということになります。

この基金を、国が拠出するというのが理想です。その上で、貸出状況のサンプル調査によって、この基金を著作者に分配します。イギリスのように、著作者一人あたりの分配金に上限を設けることに、推理作家協会の合意が得られれば、文芸文化の保護を目的とした分配が実現するでしょう。

これは理想ではあるのですが、国家基金による補償金制度を実現するためには、イギリスの公共貸与権法や、北欧の公共図書館法のような、新たな法律の制定が必要かもしれません。そこで、そうした法律が制定され、国家基金が実現するまでの期間、暫定的に、公共図書館の設置者（地方自治体）に、基金を負担していただきたいと思います。

年間資料購入費の五％が大変だというなら、四％でも、三％でもけっこうです。これなら、消費税よりも安い金額です。たとえ五％にしたところで、映画作品のように、定価の二倍や三倍払っていただくということではありませんから、負担はそれほど多くはありませんし、購入できる書籍が急に少なくなるという心配もありません。

ドイツやオランダなど、著作権法に基づいて補償金制度を確立した国においては、地方自治体が基金を拠出していますので、これらの国の実態を調査して対応すれば、法体系と基金との関連を合理的に把握できるはずです。ただしこれはあくまでも暫定的な処置で、最終的には、国家が基金を設立すべきだとわたしは考えています。

なぜかといえば、文芸文化の保護というのは、国の責務だからです。ベルギーやスイスのような、多民族、多言語の国家と違って、日本という国は、日本語によって文芸文化が築かれてきました。しかも、日本国以外に、日本語を用いて文芸表現をする国はありません。日本語を守り、日本語で表現された文化を守るというのは、国家の重大な責務です。このことに異議をさしはさむ人はいないでしょう。

国家の財政が苦しく、しかも地方分権化が進められているこの時期に、著作者だけがいくら請願しても、国家基金の確立は困難だと思われます。そこで過渡的な措置として、とりあえず地方自治体に基金の一部を支えていただくというのが、わたしの提案です。

これは地方自治体に負担を強いることになりますが、この結果、自治体と著作者が一丸となって、国家基金の設立を要望するという基盤ができることになります。また、各図書館で、利用者に署名運動などを働きかければ、国民的な運動につながるでしょう。イギリスなどでも、国家基金による公共貸与権が確立されなければ、その負担が利用者に及ぶおそれがあるということで、利用者（すなわち国民）が積極的に国家に働きかけたという経緯があります。

すでに著作権法には「貸与権」という条項が掲げられています。この「貸与権」は、書籍のレンタル権については、附則によって、「経過措置」として施行が見送られているのですが、レンタルビデオのチェーン店で大量の貸出が実施されている現在、この附則は削除される方向に進んでいます。公共図書館における無償の貸与については、「権利制限」ということになっているのですが、映画については補償金制度が確立されています。

すでに貸与権が確立され、映画については補償金制度も実現しているのですから、書籍についても同様の扱いをするということで、法律の改正は、ごくわずかな文言の変更で実現することになります。

もちろん、法律の改正のためには、地方自治体の諒承が必要です。いままで一銭も払っていなかった自治体に、いきなりお金を払えと言っても、簡単に払っていただけるとは思えませんが、わたしは次のことを指摘したいと思います。

図書館の公共性とは

図書館の責務は、利用者へのサービスだけではないはずです。日本の文芸文化を支えるという、大きな責務が図書館にはあるはずですし、また文芸文化を支えることが、長い目で見れば、利用者へのサービスにもつながるはずです。

図書館の公共性とは、そういうところにあるのではないでしょうか。

図書館の館長も、職員も、すべて公務員です。利用者に対して、目先のサービスをするだけでは、ただの業者と変わるところはありません。公務員というものは、公共のために尽くす責務を負っています。著作者に補償金を払うことは、自治体にとっては余分な支出になりますが、それでこの国の文芸文化が支えられるのですから、その恩恵は図書館を利用する読者に戻ってきます。これこそがまさに公共性であるとわたしは考えます。

くりかえし述べてきたことですが、この公共貸与権による補償金というのは、あくまでも文芸文化の保護が目的です。流行作家の損失補填のために設けられるものではありません。

これと、推理作家たちが要求している、複本問題の解決とは、まったく別の問題です。推理作家たちは、金銭を求めているわけではありません。推理作家たちの要求は、新刊をお金を払って買う読者と、図書館でタダで本を読む人との間に、不公平をなくすために、お金を出して買った人に、一定のメリットを与えたいというものです。

発売後六ヵ月間の貸出猶予というのも一つの方法ですが、複本を置かないというのも一つの方法だと思います。つまり一館一冊という原則を守れば、流行作家の本を読もうとする図書館利用者は、長期間待たされることになります。待たされることは利用者に不便を強いることになりますが、このことで、お金を出して買う読者との間の差別化が実現するので、新刊本を買った読者にメリットを与えることができます。

この複本対策については、さらにアイデアを出し合って、よりよい対策を立てる必要がありますが、図書館でタダで読む人に対して、何らかの不便を強いるものになることは間違いありません。図書館利用者に多少の不便を忍んでいただかなければ、差別化が実現しないからです。問題は、そのような複本対策を、図書館に実施していただけるかどうかです。いまのところは、作家たちが要望を出し、お願いするということしかできないわけですが、それでは簡単には実現できないとわたしも考えています。

これについても、わたしには試案があります。先にわたしは、公共図書館の設置者が、年間資料購入費の五％程度の補償金を払うということを提案しましたが、ここに複本対策についての報奨制度を盛り込むのです。例えば、推理作家たちを満足させるような複本対策を実施している図書館は、本来五％のところを、〇・五％ほど減免するといったかたちで、複本対策に積極的な図書館を支援するのです。

どうしても複本を置くという図書館には、余分に費用を払っていただく。すべてを金銭で解決するというのは、あまり誉められたことではありませんが、こうでもしないと、図書館は動かないというのが、わたしの実感です。

逆に、このようなシステムを整えれば、ただ窮状を訴えてお願いをしているだけに比べれば、図書館の態度がはっきりとわかりますし、お金を払ってでも複本を置くという図書館に対しては、いただいたお金で損失補填的な対応をすることができます。

少なくとも、現行のように、タダで本を置いて、いくらでも複本を増やすという、著作者にとっては損失がどこまで拡大されるか予測がつかないといった、不安な事態は解消されることでしょう。

わたしとしては、何が何でもお金をくださいと主張するつもりはありません。作家たちも、補償金というものにこだわっているわけではないのです。ただ、ヨーロッパの先進国では実施されている補償金制度が、日本ではまだ実施されていないということに、文化の後進国としての、寂しさのようなものを覚えることは事実です。

文芸文化の保護というのは、理念です。文化の伝統のあるヨーロッパ諸国では、国や自治体や公務員が、それぞれに文化についての理念をもっています。

残念ながら、日本の政治家にも、公務員にも、この種の理念が欠如しているように見えることが、憂うべき現状でしょう。

経済的には欧米に追いついたかに見える日本も、文化的にはまだまだ後進国なのです。だからといって、この問題を放置することはできません。

この本が、図書館関係者や、利用者の皆さん、また文芸文化を愛する多くの読者の目に触れて、少しでも問題意識が高まることを祈りながら、この本を締めくくることにしましょう。

おわりに

この本では、ヨーロッパ各国で実施されている「公共貸与権」による補償金制度の実態や、現行の日本の著作権法との関連、全国の公共図書館の実情などを踏まえて、これからの図書館のあり方と、著作者に対する補償の可能性について考察しました。

原稿の執筆中にも、図書館関係者との協議会は継続していましたし、文化庁の著作権分科会や法制問題小委員会も、今シーズンの審議が始まりました。法制問題小委員会というのは、著作権法の改正について有識者が意見を述べる会議で、今シーズンのテーマは、文芸関係の著作者にとっては切実なものばかりです。

早急に結論を出す必要のあるものとしては、営利目的の貸与（レンタル）についての「経過措置」を撤廃して、書籍や雑誌についての貸与権を確立するという問題です。これについては、新たに法律を制定するというのではなく、附則を削除するという問題ですから、比較的スムーズに審議が進むものと考えられます。

これからじっくりと審議しなければならないものとしては、新古書店における著作物の販売から著作権使用料を徴収するための、「消尽しない譲渡権」の確立です。現行の著作権法に、「譲渡権」というものは書き込まれているのですが、これは新品の販売に関するものです。しかし著作物というのはただの物品ではなく、本やレコードといった形をもった物の中に記録された「情報」に商品価値があるわけですから、「情報」の販売については、たとえそれが中古品であっても、譲渡権が及ぶと考えなければなりません。

漫画喫茶については、「複製の展示権」の確立が必要です。従来の展示権は、絵画や写真など、「本物」の展示について設定されたもので、印刷物などの複製については規定されていません。しかし、漫画喫茶で漫画を読む人が増えれば、書店で漫画を買う人が減るわけですから、著作者の権利が損なわれているのが実情です。

著作権は、著作者にとっては基本的人権です。人権が損なわれているという実態があれば、法律を改正して、権利を護らなければなりません。教育関係における複製の問題と、公共図書館における公共貸与権の問題は、前年からの継続審議ということになっていますが、これは関係者間の協議会によって、議論を深めることになっています。

図書館に関しては、推理作家協会と書協が、全国の図書館の協力を得て、「複本」に関する実態調査を始めることになっています。そうした調査や結果の報告を通じて、全国の図書館の皆さまに、著作者の権利についての正確な認識をもっていただければと思います。また、利用者の皆さまにも、著作者の損失の切実さと、権利の正当さを訴えていかなければならないと思っています。

公共貸与権については、この本の中で、わたしなりの提案を書かせていただきました。しかし図書館については、もっと根本的な問題があります。図書館に複本が増え、多くの利用者が図書館で本を読むようになった原因は、不況にあります。いままで本を購入していた人々が、節約のために、図書館に足を運ぶようになったのです。これは図書館の責任ではありません。

必要なのは、図書館の資料購入費を増大させることです。不況のために税収が減り、図書館の資料購入費も節減されているのが実情ですが、不況だからこそ、図書館の予算は増やさなければなりません。予算を増やした上で、推理作家などの損害に対処するとともに、文芸文化の保護のための公共貸与権を確立する。そのためには、図書館と著作者は、対立するのではなく、むしろ協調して、国や自治体や国民に、よりよい図書館の未来像を提案していく必要があるのではないでしょうか。

本書が一つの問題提起となって、さらに議論が深められることを期待します。

二〇〇三年六月

三田　誠広

著者略歴
1948年　大阪府に生まれる
1973年　早稲田大学文学部卒
1977年　『僕って何』で芥川賞受賞
現　在　作家、日本文藝家協会常務理事・知的所有権委員長
主　著　『いちご同盟』『天気の好い日は小説を書こう』『聖書の謎を解く』『わたしの十牛図』『釈迦と維摩』など小説、エッセイ、評論で幅広い活動を続けている。

図書館への私の提言　図書館の現場②

2003年8月10日　第1版第1刷発行
2003年12月20日　第1版第2刷発行

著者　三《み》田《た》誠《まさ》広《ひろ》

発行者　井村寿人

発行所　株式会社　勁《けい》草《そう》書房

112-0005　東京都文京区水道2-1-1　振替　00150-2-175253
（編集）電話　03-3815-5277／FAX 03-3814-6968
（営業）電話　03-3814-6861／FAX 03-3814-6854
本文組版　プログレス・平文社・鈴木製本

ISBN4-326-09828-7　Printed in Japan